Gabriele Stöger / Mona Vogl

*Glück und Erfolg beginnen im Kopf*

Gabriele Stöger / Mona Vogl

# Glück und Erfolg beginnen im Kopf

## So überwinden Sie Ihre Blockaden

orell füssli Verlag AG

6., komplett überarbeitete und erweiterte Neuausgabe des Werks «Gewonnen wird im Kopf, gestolpert auch!»



Umschlagabbildung: gettyimages (Johner)
Umschlaggestaltung: Andreas Zollinger, Zürich
Druck: fgb • freiburger graphische betriebe, Freiburg

ISBN 978-3-280-05337-9

---

Bibliografische Information der Deutschen Bibliothek:
Die Deutsche Bibliothek verzeichnet diese Publikation in der Deutschen Nationalbibliografie; detaillierte bibliografische Daten sind im Internet abrufbar über http://dnb.d-nb.de

Mix
Produktgruppe aus vorbildlich bewirtschafteten Wäldern, kontrollierten Herkünften und Recyclingholz oder -fasern
FSC
www.fsc.org Zert.-Nr. SGS-COC-003993
© 1996 Forest Stewardship Council

# Inhalt

*Success is a mind game.*
Amerikanisches Sprichwort

*«Wer Tore schießen will, muss locker sein im Kopf.»*
Jürgen Klinsmann

# 1 Gewonnen wird im Kopf

## So viele Erfolgsrezepte, und keines funktioniert

Eigentlich müsste der Erfolg uns nur so zufliegen. Wenn nur die Hälfte aller sogenannten Erfolgsrezepte, die wir bislang ausprobiert haben, funktionieren würde, hätten wir schon lange eine Villa im Tessin, den Traumpartner, die Harley und kein einziges der Probleme, die uns heute drücken. So versprechen es zumindest die Erfolgsbücher, die Power-Trainer und die Erfolgsrezepte. Und wir fallen immer wieder darauf rein. Wer kennt nicht das Kribbeln, das einen packt, wenn man von einer neuen Erfolgsstrategie hört? Man fragt sich: Ist es das? Ist dies das geniale neue Erfolgsrezept, nach dem ich suche? Bringt diese Technik endlich den Durchbruch, beruflich wie privat? Wir malen uns den Erfolg in den schönsten Bildern aus. Doch es kommt ganz anders.

Wir kaufen das Buch. Wir buchen das Seminar. Und dann sitzen wir da. Das neue Buch ist gelesen und ausprobiert. Und weggelegt. Die Begeisterung über das tolle Power-Seminar ist binnen drei Arbeitstagen spurlos verschwunden. Wir fragen uns: Warum funktioniert das nicht? Oder: Warum funktioniert das ausgerechnet bei mir nicht? Gestern liefen wir noch über glühende Kohlen, heute kommen wir wieder auf dem Zahnfleisch daher. Wir haben zwar einiges getan. Doch nichts hat sich wirklich geändert. Die Probleme sind immer noch die alten. Die großen Aufgaben ungelöst. Zwei Wochen nach dem schönen Time-

Management-Seminar liegt der nagelneue, Lederduft verströmende Timer relativ unbenutzt herum. Wo blieb die gigantische Zeitersparnis, die wir uns erhofften? Nur wenige Wochen nach dem Spezialtraining für Führungskräfte, «Wie motiviere ich meine Mitarbeiter?», sind die Mitarbeiter wieder so lustlos und passiv wie ehedem. Wo ist der angekündigte überragende Motivationseffekt? Und der Stress hat nach dem teuren Manager-Retreat auch nur für wenige Tage nachgelassen, bevor der alte Druck wieder da war. Wo bleibt die neue, versprochene, große Gelassenheit?

In dieser Situation der Ernüchterung sagen viele Menschen: «XY», wobei das jeweilige Erfolgsrezept eingefügt wird, «XY ist nicht der Renner. Hab's ausprobiert. Funktioniert nicht.» Oder sie sagen: «Nettes Seminar. Gute Tipps. Aber in der Praxis funktioniert das eben nicht so toll wie im Seminar.» Eigentlich seltsam, nicht? Die Erfolgsrezepte klingen alle so simpel und zwingend:

«Der Glaube an den Erfolg versetzt Berge.»

«Wer seine Ziele klug setzt, erreicht sie auch.»

«Ein gut geführter Zeitplaner spart massig Zeit.»

«Wer clever delegiert, hat Zeit für seine eigentlichen Aufgaben.»

Das klingt alles so einleuchtend und wahr. Warum funktioniert es dann nicht? Weil uns bislang nur die halbe Wahrheit über den Erfolg erzählt wurde. Die andere Hälfte fehlt. Sie steht nicht in den typischen Erfolgsbüchern. Einschlägige Erfolgsseminare verschweigen sie.

Erfolgsrezepte sind nur die halbe Erfolgswahrheit. Die ganze Wahrheit ist: Es gibt nicht nur Erfolgsstrategien. Es gibt auch Sabotagestrategien. Jedes Mal, wenn uns eine Erfolgsstrategie zwei Schritte näher an den Erfolg bringt, wirft uns eine Sabotagestrategie ein, zwei, manchmal drei Schritte zurück. Das Gemeine daran: Während wir ganz bewusst unsere Erfolgsstrategien einsetzen, schleichen sich die Sabotagestrategien ganz unbewusst ein.

Ein Beispiel: Silke Hartmann ist Verkaufsleiterin eines großen Handelsunternehmens. Sie liebt ihren Job. Sie macht ihn gut. Sie hat Erfolg. Es gibt nur einen Punkt, der ihr regelmäßig die Arbeit vergällt. Ihr

Vorgesetzter. Der Vertriebsleiter ist «ein etwas altbackener Mensch, der jede gute Idee begräbt, noch bevor wir sie testen können».

Irgendwann beschließt Silke Hartmann, dass die ewigen Streitereien über neue Projekte so nicht weitergehen können. Sie besucht ein Konflikttraining für Topmanager. Mit der Erfolgstechnik des Sandwich-Feedbacks kehrt sie zurück. Sie ist überzeugt, dass sie damit die ständigen, zermürbenden und unproduktiven Reibereien zügig und konstruktiv klären kann. Drei Tage nach dem Seminar sitzt sie etwas konsterniert vor ihrer Bürotasse. Es hat nicht funktioniert. Still sinniert sie vor sich hin: «Jetzt weiß ich doch ganz genau, wie das geht. Konflikte sofort auf den Tisch, Ich-Botschaft senden, Alternativvorschläge unterbreiten – und was hab ich getan?» Sie ist aus der Haut gefahren, wie immer, und hat den Vorgesetzten angefahren, wie immer. Die Situation ist eskaliert, das Rezept hat nicht funktioniert. Kommt uns bekannt vor, nicht? Im Grunde wissen wir alle längst, was uns erfolgreich macht. Wir wissen,

- dass wir joggen, schwimmen und vernünftig essen müssten, wenn wir den Rettungsring auf Dauer loswerden wollen;
- dass wir Mitarbeitern neben der Aufgabe auch den Freiraum delegieren müssen, um sie motiviert zu halten;
- dass konstruktives Feedback Konflikte klärt.

Aber tun wir's? Gehen wir joggen? Geben wir Feedback? Tatsächlich? So oft, wie es nötig wäre? Nein, wir tun es nicht. Obwohl wir es besser wissen! Wir wissen, dass wir jetzt die Aktivitäten für den nächsten Tag planen müssten, um morgen viel Zeit zu sparen. Stattdessen gehen wir eine rauchen. Wir wissen, dass der Mitarbeiter ein hervorragendes Ergebnis liefert, wenn wir ihn in Ruhe arbeiten lassen. Stattdessen machen wir den Kontrolletti. Ein Abteilungsleiter sagt: «Ich weiß, dass ich den Leuten Freiraum geben sollte – aber ich kontrolliere eben so gerne!» Wir wissen offensichtlich alle ganz gut, was uns Erfolg bringt – warum tun wir's dann nicht? Wir kennen längst alle Erfolgsrezepte – was hindert uns daran, sie einzusetzen?

## Wir nutzen nur 25 Prozent unseres Erfolgspotenzials

Wenn wir Misserfolg haben, merken wir das meist. Seltener bemerken wir, woran das liegt. Silke Hartmann sitzt da und grübelt: «Jetzt weiß ich doch alles über Konfliktklärung – warum tu ich's dann nicht?» Weil sie sich selbst sabotiert. Als ihr Vorgesetzter wieder mal einen guten Vorschlag einfach so vom Tisch fegt, ist ihr Konflikt-Know-how ebenfalls vom Tisch gefegt. Sie denkt nicht: «Sofort Ich-Botschaft geben.» Sie denkt nur noch: «Was für ein gemeiner Schuft. An diesem Vorschlag habe ich Tage gearbeitet!» Und sie poltert los. Hätte sie Feedback gegeben, wie sie es gelernt hat, hätte ihr Bereichsleiter möglicherweise gesagt: «Oh, das wusste ich nicht. Wenn Ihnen die Sache so wichtig ist … Dann legen Sie mir doch mal eine sauber formulierte Konzeption auf den Tisch.» Das hätte er möglicherweise sagen können. Nach Silke Hartmanns Gefühlsausbruch kann er das aber auf keinen Fall mehr. Er ist selbst auf 180.

Das ist tragisch. Die Erfolgsrezepte, die wir kennen, funktionieren alle tadellos – wenn wir sie einsetzen würden. Tun wir aber nicht. Und wenn wir sie einsetzten, dann sabotieren wir sie derart hinterhältig, dass sie nicht mehr wirken können. Die Folgen sind gravierend. Seit Jahren beraten, trainieren und coachen wir Führungskräfte und Angestellte aller Ebenen. Vom Vorstandsvorsitzenden über den Bereichs- und Abteilungsleiter bis zum Projektleiter oder leitenden Angestellten. Und immer wieder begegnen wir einer Variante von Einsteins Bonmot: Wir nutzen nur 25 Prozent unseres Erfolgspotenzials. Im Schnitt. Manche nutzen 50 Prozent, andere nur 5. Aber alle Menschen könnten erheblich erfolgreicher sein. Wenn sie nur endlich die Sabotagestrategien abstellen könnten. Wenn sie endlich die Dinge beseitigen könnten, die ihren Erfolg behindern.

Diese Erfolgsbehinderung passiert täglich. Wir wissen zum Beispiel, dass wir Konflikte sofort ansprechen müssen, weil sie umso schlimmer werden, je länger sie schwelen. Wir haben uns sogar den Spruch der Trainerin gemerkt: «Jeder Konflikt war mal ein Konfliktchen.» Aber als der forsche Kollege wieder übers Ziel hinausschießt, bringen wir das Feedback einfach nicht über die Lippen. Wir halten unsere Meinung zurück,

– weil wir ihn nicht verletzen möchten;
– weil wir keine Zurückweisung riskieren möchten;
– weil wir die Stimmung nicht verderben möchten.

Obwohl wir seit dem Seminar ganz genau wissen, dass das falsch ist. Deshalb leiden wir jetzt doppelt. Unter der Unsachlichkeit des Kollegen und dem eigenen Versagen. Schmerzhaft erfahren wir eine grundlegende Wahrheit des Erfolgs: Nur weil ich etwas begriffen habe, mache ich es noch lange nicht! Das verhindern die Sabotagestrategien.

Paradebeispiel positives Denken. Kein vernünftiger Mensch lehnt es ab. Es leuchtet ein, ist vernünftig und wichtig für die Eigenmotivation. Es mildert Lampenfieber, Unsicherheit und Stress. Es gibt uns Selbstvertrauen, lässt uns bei anderen besser ankommen und jede Situation besser meistern – aber, blöd gelaufen, gerade muss ich mich derart über etwas ärgern, dass ich einfach nicht positiv denken kann. Ich rege mich auf, und die Situation eskaliert. Warum? Warum ärgern wir uns, anstatt positiv zu denken? Was hindert uns daran, das Richtige zu tun? Und wie können wir das Richtige trotzdem noch tun? Davon handelt dieses Buch. Es ist speziell für Führungskräfte aller Ebenen und für Menschen im Arbeitsleben geschrieben, die mehr Erfolg in Beruf und Privatleben möchten, aber mit den üblichen Erfolgsrezepten nicht entscheidend weiterkommen. Sie kennen bereits die einschlägigen Mental- und Managementtechniken, die deshalb hier nicht weiter erläutert werden. Was wir eingehend erläutern werden, sind die Umstände, die diese Mentaltechniken sabotieren.

Es gibt Dutzende Arten, sich selbst zu sabotieren. Jede(r) von uns leidet unter der einen oder anderen. Die häufigsten behandelt dieses Buch. Und die Art und Weise, wie man sie ausschalten kann. Denn solange wir sie nicht ausschalten, werden wir langfristig keinen wirklich überragenden Erfolg haben. Das beste Beispiel dafür geben die Kolleginnen und Kollegen, deren Bücherregal voll mit Erfolgsbüchern steht und/oder die schon das x-te Erfolgsseminar besuchen – ohne nennenswerten Erfolg. Eine Customer-Support-Leiterin sagt: «Den Kollegen Meier schicken wir jedes Jahr auf ein anderes Seminar. Delegation, Selbstorganisation, Arbeitstechniken – hat er alles schon mitgemacht. Er ist ein Hektiker geblieben.»

Klarer kann man es nicht sagen. Tausendundeine Erfolgstechnik nützen nichts, wenn man seine persönliche Sabotagetechnik nicht eliminiert. Bei Herrn Meier heißt die Sabotagetechnik «Heimlicher Sekundärgewinn» (s. ausführlich Kapitel 2). Er macht nicht deshalb Hektik, weil er nicht delegieren kann oder es ihm an Selbstorganisation oder Arbeitstechniken fehlt. Er macht Hektik, weil nur ein gestresster Mitarbeiter ein guter Mitarbeiter ist.

Über seine Hektik bekommt er Zuwendung («Sie Armer, wieder voll im Stress, was?») und Anerkennung («Was Sie wieder alles jonglieren!»). Dass man sich Anerkennung auch ohne Hektik holen kann, lässt sein Sabotageprogramm nicht in seinen Kopf. Daher funktionieren die üblichen Erfolgstechniken wie Delegation oder Selbstorganisation nicht bei ihm. Er muss nicht lernen, wie man delegiert oder organisiert. Er muss lernen, wie er das Band in seinem Kopf abstellt, das ihm fortwährend einflüstert: «Nur ein hektischer Mitarbeiter ist ein guter Mitarbeiter.» Das kann nur er allein. Denn es ist sein Kopf, in dem das Band abläuft. Niemand anderes ist verantwortlich für die Hektik, die ihm zwar Anerkennung sichert, aber seinen Arbeitserfolg und seine Karriereaussichten beschädigt. Er ist für seinen Misserfolg ganz selbst verantwortlich. Er stellt sich quasi selbst ein Bein.

Spätestens hier wird klar, weshalb es heißt: Erfolg beginnt im Kopf. Nirgends sieht man das so überdeutlich wie im Sport. Sportpsychologen gehen davon aus, dass fünfzig Prozent des Erfolgs in Kraft- und Ausdauersportarten und achtzig Prozent des Erfolgs in Koordinationssportarten wie Golf oder Turmspringen im Kopf produziert werden. Daher auch das Zitat von Jürgen Klinsmann am Anfang dieses Kapitels. Deshalb trainieren die Spitzensportler aller Sportarten auch mental. Warum nicht wir? Alle Erfolgstechniken der Welt nützen nichts, wenn der Kopf nicht mitspielt. Man sieht das an manchen Verkäufern, die wegen Misserfolg entlassen werden. Kaum haben sie den blauen Brief, verkaufen sie in den wenigen restlichen Tagen ihres Verbleibens im Unternehmen wie die Weltmeister.

Das ist tragisch: Erst nach der Kündigung wird die Selbstsabotage aufgehoben. Die Verkäufer wussten die ganze Zeit schon, wie man erfolgreich verkauft. Sie kannten die Erfolgsrezepte und Verkaufstricks. Aber sie konnten nichts damit anfangen, weil es mental nicht stimmte. Die Verkaufsleiter erkennen das meist sehr genau. Sie sagen: «Bei dem stimmt es im Kopf nicht.» Oft tippen sie sogar die «Einstein'sche Konstante» richtig: «Der bringt nur ein Viertel dessen, was er bringen könnte.» Wenn er dann gekündigt ist und die Sabotagestrategie in seinem Kopf ihn nicht mehr behindert, bringt er plötzlich das Vierfache seiner Leistung.

So ergeht es uns oft: Wir wissen genau, wie man etwas gut macht. Aber wir sind wie vor den Kopf gestoßen. Blockiert. Es gibt Hunderte Arten von Blockaden. Bei vielen Verkäufern verhindert der innere Revoluzzer den Erfolg. Sobald ihnen jemand sagt: «Du musst verkaufen!», schalten sie unbewusst auf Opposition: Ich lasse mich nicht herumkommandieren! Einerseits wollen sie verkaufen, andererseits wollen sie keinen Druck. Eine innere Stimme sagt: Umsatz! Die andere: Lass dir nichts vorschreiben! Diese innere Stimme sabotiert den Erfolg. Wie man mit ihr umgeht, sehen wir in den Kapiteln 3 und 6.

Warum tun Sie sich ausgerechnet mit wichtigen und kritischen Aufgaben und Vorhaben oft so schwer? Die Ursache dafür konnte die moderne Hirnforschung erst unlängst tatsächlich mit MRT-Bildern identifizieren: Schlechte Gewohnheiten, auch Selbstsabotagestrategien, werden in unserem Gehirn sichtbar verdrahtet, *hardwired*, wie die Amerikaner sagen. Deshalb können wir sie oft auch mit geballter Verstandeskraft nicht überwinden – sondern nur mit einer Neuverdrahtung unseres Verstandes. Wie das geht, zeigt Kapitel 7.

Erfolg beginnt im Kopf. Sorgen wir also gemeinsam dafür, dass im

Kopf «alles richtig läuft». Dann erst funktionieren die üblichen Erfolgstechniken und guten Vorsätze. Dann erst erreichen wir unsere Ziele, verwirklichen unsere Träume und sind so erfolgreich, wie wir es uns wünschen. Deshalb betrachten wir in den nachfolgenden Kapiteln die fünf häufigsten Stellen, an denen wir uns auf der Straße des Erfolgs selbst Steine in den Weg legen – und räumen sie gemeinsam aus.

*«Gute Vorsätze scheitern meist an noch besseren Ausreden.»*
Dr. Michael Spitzbart, Sportmediziner

*«Man tut ja gerne so, als müsste man sich nur ein Ziel setzen und die Sache sei gelaufen.»*
Samuel Shem

# 2 Die großen Lebensziele

## «Ich müsste endlich mal ...»

Bernd Hobsch, Abteilungsleiter, sagt: «Ich müsste mir einfach mehr Zeit für meine Familie nehmen. Meine Frau schaut mich schon ganz scheel an. Und meine Kinder sehe ich nur noch am Wochenende – wenn ich nicht auf Messe bin.»

Eine Kollegin meint daraufhin: «Das sagst du schon seit zwei Jahren. Warum machst du's nicht endlich – bevor dir deine Frau davonläuft?» Das ist die Frage.

Eine Frage, die uns in ähnlicher Form, nur mit wechselnden Inhalten – endlich Diät halten, mehr Sport treiben, endlich das Liegengebliebene anpacken – täglich bewegt. Und sie bewegt uns auf eine geradezu beunruhigende Art, sobald wir auch nur ein einziges Erfolgsbuch gelesen haben. Denn eigentlich dürfte sich diese Frage gar nicht stellen. Im Grunde hat Bernd Hobsch zwei Jahre lang genau das getan, was sämtliche Erfolgsratgeber empfehlen: sich ein festes Ziel setzen. Und wir wissen doch:

«Ziele sind Magneten: Sie ziehen den Erfolg an!»

«Ziele sind Fixsterne am Himmel – sie leuchten Ihnen den Weg.»

«Wer nicht weiß, wohin er will, muss sich nicht wundern, wenn er ankommt, wo er nicht hinwollte.»

«Der Langsamste, der sein Ziel nicht aus den Augen verliert, geht immer noch schneller als der, der ohne Ziel umherirrt.»

«Wer sein Ziel nur fest genug im Auge behält, erreicht es auch.»

Bernd Hobsch kennt ein halbes Dutzend dieser Zielverheißungen auswendig – noch vom letzten Managementtraining her. Er hat sein Ziel zwei Jahre lang fest im Auge behalten. Und? Wo ist der wie vom Magneten gezogene Erfolg? Warum funktioniert das Erfolgsrezept nicht? Hallo, Sie kennen sich aus? Sie sagen: «Weil er sein Ziel nicht smart formuliert hat.»

Sehr guter Einwand. Als aufgeklärte und seminarerfahrene Zeitgenossinnen und Zeitgenossen wissen wir: Ziele müssen smart formuliert sein, um erreicht zu werden. Ziele müssen

| | |
|---|---|
| *S* | simpel, selbstinitiierbar und sinnesspezifisch formuliert sein |
| *M* | messbar formuliert sein |
| *A* | in der Als-ob-jetzt-schon-erreicht-Form formuliert sein |
| *R* | realistisch sein |
| *T* | total positiv formuliert und im Timing festgelegt sein. |

Also nimmt sich Bernd Hobsch vor: «Ich (A) gehe (S) heute Abend (T) um halb sechs (R) zur Bürotür raus (M) und sofort nach Hause.» Damit das Ziel noch mehr Zugwirkung entfaltet, befolgt Hobsch sogar einen weiteren Erfolgstipp: Er teilt sein Ziel stolz seiner Sekretärin und seiner Frau mit. Wegen des pädagogischen Drucks. Als er nach der Tagesschau völlig verhetzt zu Hause ankommt, schaut ihn seine Frau nur stumm an. Schuldbewusst ruft Hobsch: «Verflixt noch eins, was soll ich denn machen, wenn der Vorstand um halb fünf anruft und den Bericht doch noch bis morgen haben will?»

Seine Frau erwidert: «Und morgen ist es wieder was anderes.» Hobsch zuckt resigniert mit den Schultern. Er weiß ja, dass seine Frau recht hat.

Hobsch hat sein Ziel nicht erreicht, was ihm die üblichen Selbstvorwürfe und die Vorwürfe seiner Familie einbringt. Weil er sein Vorhaben obendrein angekündigt hat, steht er jedoch noch schlechter da als sonst. Deshalb hat er jetzt ein dreifach schlechtes Gewissen: Er hat sein Ziel nicht erreicht, die Erfolgsstrategie in den Sand gesetzt und sich noch Zusatzärger mit Frau und Sekretärin eingehandelt. Paradoxes Ergebnis: Die Erfolgsrezepte haben das Problem nicht gelöst, sondern verschlimmert. Das stand nicht im Erfolgsratgeber.

Wenn wir uns gegenseitig zuhören, scheint unser ganzes Leben angefüllt zu sein mit diesen Ich-sollte-jetzt-endlich-aber-mal-Zielen:

«Ich muss endlich aufhören, jedem Problem hinterherzulaufen, und mich auf meine eigene Arbeit konzentrieren.»

«Ich sollte aufhören, alles hundertprozentig machen zu wollen.»

«Ich muss mich endlich von lästigen Routinen entlasten.»

«Ich müsste mich schon lange mal ruhig hinsetzen und langfristig planen, anstatt mich permanent von der operativen Hektik hetzen zu lassen.»

«Ich müsste den Termindruck und das Chaos besser in den Griff bekommen.»

«Ich sollte angefangene Projekte zu Ende führen, anstatt von einer halbfertigen Sache zu nächsten zu springen.»

«Ich sollte meinen Mitarbeitern mehr Anerkennung geben.»

«Ich müsste allmählich mehr Abstand zu den Dingen entwickeln und mich nicht ständig so aufregen.»

«Ich müsste einfach konsequenter meine Pläne verfolgen und mich nicht ständig von Nebensächlichem ablenken lassen.»

«Ich müsste mir mehr Zeit für das wirklich Wichtige nehmen, anstatt mich permanent vom Dringenden vereinnahmen zu lassen.»

«Ich müsste endlich das Rauchen aufgeben.»

«Ich sollte mich mehr bewegen.»

«Ich muss endlich mein Leben in den Griff bekommen.»

«Ich sollte endlich mal dem Chef die Meinung sagen.»

War Ihr Ich-müsste-endlich-Ziel dabei? Können Sie noch einige Ziele dranhängen? Warum haben Sie sie noch nicht erreicht? Eigentlich traurig, nicht? Wenn wir nur zehn Sekunden nachdenken, fallen uns so viele Ziele, Träume und Wünsche ein, die unerfüllt vor sich hin modern. Was wollten wir alles mal erreichen! Und was ist daraus geworden?

## Der heimliche Sekundärgewinn

Wir wissen ganz gut, was uns guttut. Wir kennen unsere Ziele und Wünsche. Weniger fett essen, mehr Sport treiben, mit Zielvereinbarungen führen, Mitarbeiter motivieren, Kundenreklamationen werturteilsfrei annehmen. Und wir nehmen es uns auch ernsthaft vor. Wir formulieren Tagesziele, wir visualisieren, wir schließen einen Zielvertrag mit uns selbst, wir planen akribisch, denken positiv und glauben ganz fest daran – aber dann klappt's wieder nicht. «Wer seine Ziele kennt, erreicht sie auch.» Das sagt der Erfolgstrainer. Aber wir erleben täglich das Gegenteil. «Was soll ich machen», ruft Bernd Hobsch frustriert, «wenn der Vorstand ‹Spring!› sagt, muss ich hüpfen!» Peter meint: «Klar müsste ich endlich mal meine langfristigen Ziele festlegen. Aber ich finde dafür einfach keine Zeit.»

Das sind alles gute Gründe. Aber es sind nicht die wahren Gründe für den Misserfolg. Man erkennt das daran, dass man sein Ziel auch dann nicht erreicht, wenn die guten Gründe wegfallen. Auch wenn der Vorstand nicht «Spring!» befiehlt, schiebt Bernd Hobsch Überstunden. Manche Menschen glauben ihr Leben lang an diesen Keine-Zeit-kein-Talent-andere-sind-schuld-Mythos. Was leicht fällt, da man ja wirklich keine Zeit hat und andere einen ständig behindern. Trotzdem ist das eine Selbsttäuschung. Wenn wir unsere Ziele verfehlen, liegt das nicht an Zeit, Talent oder Zielformulierung. Wir verfehlen sie, weil es uns oft nützt, sie zu verfehlen. Wir werden dafür belohnt, sie nicht zu erreichen. Klingt verrückt?

Bernd Hobsch grübelt: «Ich schaffe es einfach nicht, mehr Zeit für die Familie freizuboxen.» Warum nicht? Was hindert ihn daran? Was hält ihn zurück? Der Chef, der eilige Bericht, der anrufende Kunde? Nein. Bernd Hobsch erreicht sein Ziel nicht, weil er dafür belohnt wird. Je mehr Zeit Bernd Hobsch nämlich dem Betrieb opfert, desto höheres Ansehen genießt er bei seinen Chefs und desto unentbehrlicher wird er seinen Kunden.

Bernd Hobsch bekommt zwar zu Hause Ärger wegen seiner Überstunden. Im Betrieb und bei der Kundschaft bekommt er dafür aber höchste Anerkennung. Und auf diesen Sekundärgewinn möchte er nicht verzichten. Doch das weiß er nicht. Er sieht zwar bewusst, was eine pünktliche Heimfahrt ihm bringen würde, aber unterbewusst hat er sich für den Sekundärgewinn entschieden – quasi hinter seinem eigenen Rücken. Hobschs Wille entscheidet sich für den Feierabend, sein Unterbewusstsein aber für den Sekundärgewinn. Das Unterbewusste ist stärker. Deshalb sagt der Volksmund auch: «Es ist stärker als ich.»

«Es» ist das Unterbewusste. Man spricht oft von den «Prinzipien des Erfolges». Dieses Prinzip wird dabei gerne unterschlagen: Wir können ein Ziel langfristig nicht dauerhaft und/oder hundertprozentig erreichen, solange Misserfolg belohnt wird.

Das wirklich Gemeine daran ist, dass der Sekundärgewinn zwar unser Handeln steuert, wir das selbst aber meist nicht bemerken. Karlchen hat seinen Kindern schon lange versprochen, mit ihnen ans Meer zu fahren. Dummerweise kommt aber in letzter Minute ein neues, dringendes Projekt dazwischen.

«Tut mir leid, Kinder», sagt Karlchen, «ich kann mir nicht leisten, abzulehnen.» Die Karriere, man kennt das ja. Tatsächlich macht sich Karlchen selbst was vor. Er erkennt den Sekundärgewinn nicht. Karlchens Kollege hat einen weniger verstellten Blick auf den Sekundärgewinn. «Ach, wie gut», sagt er augenzwinkernd, «dass das Projekt ausgerechnet auf die Sommerferien fällt, nicht?»

Karlchen verzieht das Gesicht. Eigentlich hat der Kollege recht. Drei Wochen mit den quengelnden Blagen in einem Ferienhaus … Karlchen kann sich Schöneres vorstellen. Aber dass er aus diesem Grund das Projekt angenommen hat, war ihm bis zu diesem Augenblick nicht bewusst. Meist kommt unsere Umwelt schneller auf den Sekundärgewinn als wir selbst. Sie hat ja dafür den größeren Abstand.

Wer seinen versteckten Sekundärgewinn entdeckt, lebt leichter. Viele Dinge werden möglich, die vorher unmöglich waren. Peter zum Beispiel leidet unter dem Hyperstress in seinem Job. Irgendwann hat er die Nase voll davon und besucht ein Time-Management-Seminar. Das Ergebnis ist dramatisch. Drei Tage hintereinander verlässt er Schlag 16.30 Uhr das Büro – und hat doppelt so viel geleistet wie üblich! Am vierten Tag kommt er erst um 18 Uhr nach Hause. «Ich bin doch nicht wahnsinnig», sagt er zu seiner Frau. Sein Chef hatte ihn gefragt, seit wann er nur halbtags arbeite. Seine Kollegen haben bei ihm Arbeit abgeladen, «weil du ja offensichtlich nichts zu tun hast».

«Time Management kann ich mir einfach nicht leisten», sagt Peter. Die Sekundärgewinne «Karriere» und «Ruhe vor den Kollegen» wiegen zu schwer. Peter gewinnt trotzdem: Er fühlt sich nicht länger als Versager und schlechter Manager, weil er die Hektik nicht in den Griff bekommt. Er weiß jetzt, dass Hektik Karrierekriterium ist.

Meist sind wir jedoch nicht so gut reflektiert wie Peter. Wir merken gar nicht, wie uns der Sekundärgewinn an der Nase herumführt. Franziska stöhnt: «Jetzt hätte ich gerade eine halbe Stunde so schön Zeit gehabt, mal die Füße hochzulegen und über einige grundlegende Sachen nachzudenken ...» – und was tut sie? Sie «muss sich schnell um die Auslieferung» kümmern.

Warum passiert ihr das dauernd? Warum ist sie ständig in Hektik? Weil so viel zu erledigen ist? Nein, die erledigte Zusatzarbeit ist der Primärgewinn. Doch der Sekundärgewinn entscheidet. Wer Hektik macht, muss sich keine unbequemen Fragen stellen und sich nicht um die eigentlichen Probleme kümmern.

Man kennt das von Vorgesetzten: «Jetzt rennt er wieder rum und verbreitet operative Hektik, nur damit er sich nicht um die Strategie 2000 kümmern muss!» Die Mitarbeiter wissen meist recht gut, was der Chef an Sekundärgewinn verfolgt – auch wenn er es nicht weiß. Und je drängender die wirklich wichtigen Fragen, desto heftiger drücken wir uns vor ihnen, weil der Sekundärgewinn umso größer wird. Deshalb entwickeln gerade Menschen in der Midlife-Krise oft erstaunlichen Tatendrang. Je mehr man sich fragt, wohin einen das eigene Leben denn führen soll, desto heftiger wird die Neigung, sich um die Antwort zu drücken.

Es hat also immer einen guten Grund, wenn wir uns selbst ein Bein stellen. Wer so lange an Details herumfeilt, bis der Abgabetermin für die Arbeit verstrichen ist, möchte sich nicht selbst aus dem Rennen werfen. Er hat vielleicht nur panische Angst vor Fehlern, vor der Blamage, vor dem Scheitern seiner eigenen überzogenen Erwartungen. Wer sich niemals Zeit für sich selbst nimmt und sich für Kollegen, Mitarbeiter, den Betrieb aufopfert, ist nicht scharf auf den Burnout. Er ist vielleicht nur süchtig nach Anerkennung. Wer seine Ziele, die er/sie eigentlich unbedingt erreichen müsste, nicht erreicht, ist nicht bescheuert oder blöd oder willensschwach oder zu alt oder zu unerfahren oder unfähig zur Zielformulierung. Er/sie stolpert lediglich über den Sekundärgewinn. Zumindest sollten Sie das prüfen.

Notieren Sie die drei Ziele oder Wünsche, die Ihnen spontan in den Sinn kommen und die noch der Erfüllung harren. Es können auch die drei wichtigsten oder die drei lästigsten Ziele sein:

.......................................................................................

.......................................................................................

.......................................................................................

Gehen Sie in sich. Dass Sie Ihre Ziele noch nicht erreicht haben, ist zwar ärgerlich. Aber was haben Sie davon? Nein, neben dem Ärger. Wer nicht joggen geht, kann daheim bequem auf dem Sofa liegen. Wer seine Familie nicht sieht, muss das Geschrei der Kinder nicht ertragen. Wer in der Hektik ertrinkt, muss sich nicht um die wirklich wichtigen und vielleicht unangenehmen Dinge kümmern. Stochern Sie ein wenig im Trüben herum. Wo macht's im Bauch «klick»? Welcher Sekundärgewinn hält Sie auf? Es bringt viele Annehmlichkeiten, ein Ziel nicht zu verfolgen beziehungsweise es nicht zu erreichen. Was ist für Sie die hauptsächliche? Notieren Sie sie hinter die obigen drei Ziele.

Versuchen Sie jetzt aber bloß nicht, den Sekundärgewinn zu bekämpfen. Das tun nämlich viele Menschen. Sie entwickeln typisch deutsche Tugenden. Sie beißen die Zähne zusammen bei der Rauchentwöhnung, beim Abnehmen, beim mehr Zeit für den Partner nehmen, beim weniger Hektik machen ... Sie sind hart gegen sich. Sie sind eisern. Wie lange hält das vor?

Jeder, der sich schon mal erfolglos das Rauchen abgewöhnt hat, weiß, wie lange. Nicht lange. Der Sekundärgewinn ist immer stärker. Man kann ihn nicht bekämpfen. Wenn jemand behauptet, dass er sich einen Erfolg hart erkämpft hat, kann man fast schon vermuten, dass er es a) falsch angestellt hat und b) der Erfolg nicht lange hält. Denn immer, wenn wir gegen den Sekundärgewinn ankämpfen, kostet es Kraft und unmenschliche Überwindung.

Nicht umsonst sagen Fitnesstrainer: «Nur was Spaß macht, hält man durch.» Wer ständig gegen den Sekundärgewinn kämpft, kommt nicht weit. Karlchen ahnt zumindest, dass sein geistiger Aufsichtsrat ihm gebietet: «Mach Sekundärgewinn ‹Ruhe vor den Kindern›!»

Aber er ignoriert ihn einfach und schleppt sich pünktlich um 17 Uhr nach Hause. Der innere Aufsichtsrat schaut sich das eine Weile an und dreht Karlchen dann einfach den Motivationshahn zu. Karlchen geht wieder um 19 Uhr nach Hause. Man kann seinen Sekundärgewinn zwar ignorieren, aber nur für kurze Zeit. Und unter höllischen inneren Qualen. Des Deutschen Tugend sagt darauf zwar: «Beiß die Zähne zusammen!» Aber wie oft bringt man das, bevor man zum Zahnarzt muss? Zähne zusammenbeißen funktioniert nie lange. Jedenfalls nicht ein ganzes Leben lang. Es funktioniert nicht, den Sekundärgewinn zu ignorieren. Man darf ihn nicht ignorieren, man muss ihn integrieren.

Wenn Karlchen sein Ziel «Früh nach Hause» ständig wegen des Sekundärgewinns «Ruhe vor den Kindern» verfehlt, dann darf er den Sekundärgewinn nicht länger bekämpfen. Er muss ihn ins Ziel integrieren. Indem er zum Beispiel sagt: «Kinder, die erste halbe Stunde nach Geschäftsschluss brauche ich für mich. Dann bin ich für euch da.» Oder indem er einfach einmal um den Block geht, um den nötigen inneren Abstand zu bekommen. Wer das Rauchen nicht aufgeben kann, weil es eine hervorragende Kontakttaktik ist, kann sich ein Repertoire Partywitze zulegen. Oder die neuesten Bücher, Filme oder Modetrends ins Gespräch bringen. Meist kassiert man dafür ohnehin mehr Punkte als für die Standard-Eröffnung mit der Zigarette, die langsam aus der Mode kommt.

Es gibt Kollegen, die sind Profis bei der Integration des Sekundärgewinns. Wegen des Sekundärgewinns «Karriere» muss man in vielen Unternehmen einfach hektisch, gestresst und total überlastet wirken. Gelassenheit, Souveränität, Überblick und strategische Denke sind Karrierekiller. Also integriert man den Sekundärgewinn über eine gezielte Schizophrenie.

«Auf dem Gang renne ich im Laufschritt rum, blicke verhetzt und verstreue Unterlagen», sagt Eva. «Im Büro mache ich die Tür zu, lege die Füße hoch und denk über das nach, was wirklich wichtig ist.» Jeder muss seine eigene, individuelle Integration finden.

Man kann die eigene Zielsabotage nur dann umgehen, wenn man den Sekundärgewinn nicht bekämpft oder ignoriert, sondern ihn in eine neue Lösung integriert. Welche Wege integrieren Ihren Sekundärgewinn? Welchen Weg präferieren Sie? Notieren Sie ihn neben die Ziele oben. Wir erreichen unsere Ziele langfristig und ohne unmenschliche «Selbstbeherrschung» nur dann, wenn wir den Sekundärgewinn integrieren. Eine Problemlösung funktioniert immer nur dann und nur so lange, wie der Sekundärgewinn sichergestellt ist.

Aber bitte Geduld: Selbst wenn Sie eine Integrationsmöglichkeit für Ihren Sekundärgewinn gefunden haben – beim ersten Versuch wird Ihnen die Integration selten gelingen. Auch nicht bei den ersten paar Versuchen. Weil Sie «unvernünftig» und «halsstarrig» sind? Nein, weil Ihr Gehirn es ist, wie die moderne Hirnforschung herausgefunden hat: Je öfter Sie nämlich früher dem Sekundärgewinn gefrönt haben, desto ausgeprägter sind in Ihrem Gehirn die entsprechenden Neuronenverknüpfungen. Deshalb denkt Karlchen so zwanghaft automatisch, wenn er an seine Kinder denkt: «Oh Gott, bloß nicht!» Er kann nichts dafür.

Aber dagegen: Je öfter er versucht, seinen Sekundärgewinn zu integrieren, desto öfter werden neue Neuronen in seinem Gehirn verknüpft. Auf MRT-Bildern können wir dabei richtiggehend zusehen, wie die neuen Verknüpfungen wachsen – und damit neue Gewohnheiten (mehr zu den Ergebnissen der neuesten Hirnforschung in Kapitel 7).

Es gibt für jeden Sekundärgewinn mindestens eine Integrationsmöglichkeit. Manchmal muss man etwas nachdenken, eine oder zwei Möglichkeiten ausprobieren, und dann die dritte nehmen. Aber immer lässt sich der Sekundärgewinn integrieren. Und ist er integriert, werden Ziele und Wünsche, die jahrelang als unerreichbar galten, mit einem Schlag wahr. Natürlich ist es ein bisschen anspruchsvoller, in sich zu gehen und den Sekundärgewinn aufzuspüren, als blind hinter einem x-beliebigen «Erfolgsrezept» herzulaufen und auf ein Erfolgserlebnis zu hoffen. «Wenn ich nur ganz fest ans Ziel glaube, erreiche ich es auch.» Und die Kinder bringt der Klapperstorch. Wir müssen beides tun: Ein klares Ziel setzen, aber dann alles ausräumen, was die Zielerreichung behindert.

## Es kann der Frömmste nicht sein Ziel erreichen …: die Umweltverträglichkeit

Im Erfolgsratgeber steht: «Wer ganz genau weiß, was er will, bekommt es auch.» Schön wär's. Wenn ich weiß, was ich will, heißt das noch lange nicht, dass ich es auch kriege. Denn ich bin nicht allein auf der Welt. Nehmen wir Sonja Kling, die Leiterin der Personalentwicklung (PE), die sagte: «Ich schicke ständig Mitarbeiter auf Weiterbildung. Dabei müsste ich dringend mal was für mich selbst tun.» Sie tut es aber nicht. Warum nicht? Weil ihr Chef sagt: «Ein Manager, der auf Seminaren rumhängt, hat wohl nichts besseres zu tun.» Und schon ist es

Essig mit Sonjas Ziel. Wie viele Pläne scheitern wegen der Kinder, der Eltern, des Partners, des Chefs, der Kollegen?

Unsere Umwelt redet kräftig mit, wenn es um unsere Ziele geht. Seltsamerweise ist es aber nicht der Chef, der Sonja Kling das Ziel verbaut. Und das ist die Regel. Nicht die Umwelt sabotiert unsere Ziele. Das erledigen wir schon selbst. Indem wir mit Harakiri-Methoden auf den Einspruch der Umwelt reagieren:

*Auf die harte Tour.* Manche sind so verärgert über die mangelnde Unterstützung gerade von den Menschen, von denen sie Unterstützung erwartet hatten, dass sie trotzig werden: «Ich habe auch Rechte. Jetzt erst recht.» Das wiederum stachelt den Widerstand der Umwelt noch mehr an. Sie sabotiert das Ziel noch stärker – weil die Eskalation provoziert wurde.

*Die flauscheweiche Masche.* Oft ist man vom vehementen Einspruch seiner Umwelt so enttäuscht, dass man sein Ziel kurzerhand aufgibt: «Dann eben nicht. Ich brauche die anderen noch.» Das ist zwar legitim, aber mit hohen Kosten verbunden: Man erreicht seine Ziele nicht. Man tut das so lange, bis von den eigenen Wünschen und Träumen nur noch übrig ist, was die Umwelt erlaubt. Das ist in der Regel nicht genug für ein erfülltes Leben. Deshalb sagt der Weise auch: «Wer sich nach dem Urteil der Welt richtet, schüttet Wasser in ein Sieb.»

*Der faule Kompromiss.* Die PE-Leiterin möchte zwar gerne auf ein Seminar, aber da ihr Chef das nicht gerne sieht, geht sie eben in ihrer Freizeit. Ihr Freund sagt: «Bist du übergeschnappt? Du hast ein Recht auf Weiterbildung! Wie kannst du unser gemeinsames Wochenende verplanen!» Sie erwidert: «Ja schon, aber was soll ich machen? Der Chef sieht das nicht gerne bei leitenden Angestellten.» Man spürt förmlich das Bauchweh bei diesem faulen Kompromiss, nicht? Faule Kompromisse sind wie faule Früchte. Man kann sie zwar essen, muss dann aber mit Bauchschmerzen leben.

Warum reagieren wir so offensichtlich falsch auf den Einspruch unserer Umwelt? Weil wir in dieser speziellen Situation sehr emotional sind. Wenn wir uns endlich dazu entschließen, uns ein Ziel zu setzen und den inneren Schweinehund niedergerungen haben, dann ist das Letzte, was wir benötigen und womit wir rechnen, Sperrfeuer aus der Umwelt. Wer sich ein Ziel setzt, ist unsicher. Man verlässt sichere Wege. Man weiß nicht, ob das Ziel je erreicht wird. Man ist verunsichert und eigentlich auf den Zuspruch seiner Umwelt angewiesen. Und was macht diese? Knüppel in die Speichen werfen. In dieser höchst wackeligen Lage sind wir emotional ausgesprochen verletzbar. Also reagieren wir enttäuscht oder trotzig. Aber nicht vernünftig. Vernünftig ist, sich konstruktiv mit den Einwänden auseinanderzusetzen.

*Die Lösung des gesunden Menschenverstandes.* Eine Kollegin der PE-Leiterin sagt: «Klar ist der Chef gegen Seminarbesuche für Manager. Aber ist dir schon aufgefallen, dass er jeden Auslandsaufenthalt enthusiastisch unterstützt, wegen der Internationalisierung?» Also fragt die PE-Leiterin den Chef, ob sie nach St.Gallen aufs Internationale Managementzentrum gehen darf. Darauf der Chef: «Aber immer. Da kommen Sie endlich mal aus Ihrem Büro raus und sehen, wie es im globalen Markt wirklich aussieht.»

Wir erwarten implizit, dass die Umwelt uns in unseren Zielen unterstützt. Tut sie das nicht, sind wir enttäuscht. Wirft sie Knüppel, sind wir frustriert. Das ist normal. Nicht normal ist, daraufhin die Flinte ins Korn zu werfen. Wer sich ein Ziel setzt und keinen Gedanken an die Reaktion der Umwelt verliert, stellt sich selbst ein Bein. Wer sich ein Ziel setzt, sollte auch mit Einwänden rechnen und sich zwei ganz vernünftige Fragen stellen: Was kann ich tun, damit die Umwelt mein Ziel akzeptiert? Wie mache ich mein Ziel umweltverträglich? Zwar scheint der Einspruch der Umwelt, vor allem der hierarchisch höher angesiedelten Umwelt, der Familie, der guten Freunde oft unüberwindlich. Doch wo ein Wille zur Einwandsbehandlung ist, ist auch ein Weg.

Als Emily endlich den festen Vorsatz fasst, von ihrem Gewicht herunterzukommen, verliert sie nach und nach die Freundschaft ihrer Clique. Je schlanker sie wird, je näher sie ihrer Idealfigur kommt, desto stärker zieht sich die Gruppe von ihr zurück. Emily versteht die Welt nicht mehr. «Offensichtlich mögen die mich dick.» Viele fangen in dieser prekären Situation unwillkürlich wieder zu futtern an, um dem Einspruch der Umwelt gerecht zu werden. Sie geben ihr Ziel auf. Sie möchten die Akzeptanz der Umwelt nicht verlieren. Sie halten das Ziel unter den gegebenen Umständen für unerreichbar. Das ist es nicht. Einwände sind zwar wie Mauern, gegen die man läuft. Aber auch Mauern haben Türen. Man muss sie nur finden.

Emily gibt ihr Ziel nicht auf. Sie sucht Umweltverträglichkeit. Sie fragt ihre beste Freundin: «Was ist los? Mögt ihr mich nicht mehr?» Die sagt: «Kein Wunder. Früher warst du unsere Ulknudel, und jetzt bist du so ein abgezehrtes Häuflein Bierernst.» Emily geht ein Licht auf. Sie war so aufs Maßhalten konzentriert, dass ihr kein Witz mehr über die Lippen kam. Sie ändert das bewusst. Und sie spricht es offen an: «Leute, ich muss abnehmen und ich weiß, dass ich auch euch damit belaste. Aber mich belastet es noch viel mehr, das könnt ihr glauben. Und ohne eure Hilfe schaffe ich es nicht.» Das reicht, um die Solidarität der Gruppe zu wecken. Jetzt dreht die Gruppe den Spieß um: Sie werden gebraucht, also reißen jetzt die anderen die Witze, muntern Emily auf und helfen ihr beim Maßhalten. Einwand überwunden.

Es ist gut, Einwände zu überwinden. Besser ist, es gar nicht so weit kommen zu lassen. Emily hätte durchaus schon früher darauf kommen können, dass ihre Umwelt nicht gerade begeistert auf ihren Kalorien-Kreuzzug reagieren würde. Einige Kolleginnen, die nicht so willensstark sind, reagieren bestimmt neidisch. Einige Kollegen, die sich schon an die kumpelhafte Dicke gewöhnt haben, reagieren verwirrt auf die aufkeimenden Reize. Aber daran hat Emily nie gedacht. Sie hat unbewusst tatsächlich so getan, als ob sie allein auf der Welt wäre. Deshalb ist die «Wettervorhersage» der Umweltreaktion bei der Zielformulierung so wichtig: Wird meine Umwelt mich für dieses Ziel lieben oder hassen (und mich sabotieren)?

Wann immer Sie letzteren Verdacht hegen, nehmen Sie die möglichen Einwände mental vorweg. Vorbeugen ist besser als heilen.

Es ist schon schwer genug, mit einem offenen Einwand des Umfeldes fertig zu werden. Aber noch schwerer fällt das bei indirekten oder gar nur projizierten Einwänden. Franz Wohlfert will als leitender Angestellter schon lange das betriebliche Vorschlagswesen reformieren, aber: «Das hat der Seniorchef selbst noch entworfen, das ist sein Baby, da lässt er keinen ran.» Wohlfert ist mehr als frustriert: «In dieser Firma werden dir von links und rechts die Steine in den Weg geworfen.»

Seine Tochter, die BWL studiert, sagt: «Hast du ihn denn schon mal gefragt?»

«Nein, natürlich nicht! Das wäre reine Zeitverschwendung. Da ist er sowieso dagegen.»

Mindestens die Hälfte, wenn nicht drei Viertel aller Einwände gegen unsere Ziele sind nicht konkret ausgesprochen. Wir vermuten sie nur. Aber wir halten sie für bare Münze. Und verwerfen unser Ziel. Weil wir glauben, dass Herr oder Frau X dagegen ist. Weil er oder sie in ähnlicher Situation schon mal ähnlich abweisend war. Das ist nicht logisch. Aber wer denkt schon rein logisch, wenn es um die eigenen Ziele geht?

Gerade für nur vermutete Einwände gilt: Auf den Tisch damit. Und sich gefragt: Was muss ich tun, damit das Umfeld mein Ziel akzeptiert? Wenn Wohlfert zum Chef marschiert und sagt: «Also das Vorschlagswesen funktioniert doch hinten und vorne nicht!», kann er sich ausrechnen, was der Chef sagt. Aber wenn er den Chef darauf anspricht, wie erfolgreich das Vorschlagswesen früher war, wie viele Ideen es hervorbrachte und ihm die Statistik mit den heutigen, stark rückläufigen Zahlen zeigt, dann macht er nicht sein Baby schlecht. Er zeigt ihm, wie man es aus dem Brunnen holen kann.

Natürlich ist dieses umweltkonforme Vorgehen für manche viel zu vernünftig. Sie werfen beim ersten Anzeichen von Einspruch lieber die Flinte ins Korn und schimpfen auf die böse Umwelt. Oder sie stellen auf stur. Durchaus akzeptabel. Man kann auch mit dem Kopf durch die Wand. Nur sollte man sich dann nicht über Beulen wundern.

## Kampf ist Krampf: Situationspassung

Im Erfolgsratgeber steht auch: «Wer sich bedingungslos einsetzt, erreicht jedes Ziel.» Dieses Rezept ist nicht nur gefährlich, es ist geradezu gesundheitsgefährdend. Wer sich bedingungslos einsetzt, erreicht sein Ziel meist nicht.

Ein Beispiel: Thomas Merz ist Triathlet. Er möchte unbedingt beim Ironman-Triathlon mitmachen. Deshalb hat er sich ein ehrgeiziges Trainingsprogramm gesetzt. Er zieht es eisern durch. Er zieht es durch, egal ob er schwitzt wie verrückt, ob die Muskeln brennen oder die Lunge schier birst und das Knie sticht. Zwei Wochen später ist das Knie so dick, dass er einen Monat pausieren muss und die Qualifikation nicht schafft. Dumm gelaufen? Das meint zumindest Thomas Merz: «Pech. Gegen Verletzungen ist niemand gefeit.»

Das ist Unsinn. Natürlich ist niemand gegen Unfälle gefeit. Aber das war kein dummer Unfall. Das war das falsche Erfolgsrezept. Merz hat sich selbst ein Bein gestellt. Er kannte den Unterschied zwischen Gas und Bremse nicht. Man muss nicht nur sein Ziel kennen. Man muss auch wissen, wann man es ignorieren muss. Wann man zurückstecken und wann man ganz aufhören muss, um vorwärtszukommen. Hätte Merz bei zwei Trainingseinheiten kürzergetreten, hätte er am Ironman teilgenommen.

Die PE-Leiterin sagt eines Tages: «Ich spiele hier doch nicht die Dumme. Übermorgen gehe ich endlich aufs Seminar. Komme, was da wolle.» Sie reist tatsächlich ab, obwohl am Vortag eine Riesenpanne ihren halben Bereich lahmlegt: «Das geht auch ohne mich. Ich muss auch mal an mich denken.» Der Chef ist da ganz anderer Meinung, als er von dem Schlamassel hört. Eigentor. Wer sich ein Ziel setzt, sollte sich neben den Fragen zum Sekundärgewinn und zur Umweltakzeptanz auch folgende Fragen stellen:

- Wann, unter welchen Umständen will ich das Ziel realisieren?
- Unter welchen Umständen setze ich das Ziel aus (Abbruchkriterien)?
- Bei welcher Veränderung der Situation werde ich mein Ziel modifizieren?

Diese Fragen muss man unbedingt schon vor der Realisierung abchecken. Sonst fühlt man sich so wie Thomas Merz, der sich bei der TV-Übertragung des Ironman wie ein Versager vorkommt. Er hat sein Ziel ja nicht erreicht. Für diese Frustration trägt er selbst die Verantwortung. Er hätte lediglich das Abbruchkriterium einbauen müssen: «Ich will am Ironman teilnehmen, sofern der Körper mitspielt.» Sehr schön hat das Marco Pantani bei der Tour de France 1998 gesagt: «Wenn die Beine mitspielen, greife ich morgen an.» Sie spielten nicht mit, er gewann die Etappe nicht, fühlte sich aber nicht als Versager – und gewann die Tour. Weil es im Kopf stimmte.

Das Fehlen der Abbruchkriterien treibt ganze Unternehmen in den Ruin. «Wir machen nächstes Jahr 20 Millionen Gewinn», gibt der Vorstand als Ziel aus. Es werden nur 15 Millionen. Die emotional sowieso leicht zu beeinflussende Außendienstmannschaft ist total frustriert ob der einsetzenden Vorstandsschelte. Tatsächlich betrug der Gewinn doch 20 Millionen – wenn man die unvorhergesehene Dollarschwankung rausrechnet. Doch weil niemand dieses Kriterium offen ausspricht, ist der Gewinn im nächsten Jahr noch und jetzt tatsächlich niedriger. Misserfolg demotiviert. Wer keine Abbruchkriterien formuliert, fühlt sich vielleicht bald schon als Versager.

Natürlich lässt sich nicht jedes Abbruchkriterium im Voraus absehen. Ob das Ziel noch zur aktuellen Situation passt, kann man auch prüfen, wenn die aktuelle Situation eintritt. Jedoch blind am Ziel festzuhalten, komme, was da wolle, ist ziemlich gefährlich, wie jeder Blindflug. Man erreicht damit oft das Gegenteil von dem, was man eigentlich wollte. Und wundert sich auch noch, dass man das Ziel verfehlt, obwohl man sich doch so angestrengt hat. Nicht obwohl, sondern gerade deshalb.

Wenn man das so liest, denkt man: «Kann mir nicht passieren! Ich weiß doch, wann ich kürzertretenmuss.» Leider ist man in der tatsächlichen Situation nicht so cool wie beim Buchlesen. Wenn wir endlich unseren inneren Schweinehund überwunden haben und endlich, endlich diese lange vor uns hergeschobene Aufgabe anpacken, dann wollen wir's wissen. Dann holen wir die Brechstange heraus. Jetzt wird das Problem aber ein für alle Mal geklärt! Und dann ist Ruhe! Und schon schießen wir übers Ziel hinaus.

Es gibt einen Unterschied zwischen Entschlossenheit und blindem Eifer. Dieser Unterschied ist umso schwerer zu erkennen, je emotionaler wir handeln. Der Unterschied heißt Situationspassung.

Was in der einen Situation zum Ziel führt, ist in der anderen Situation blanke Sabotage. Also braucht man zwar ein entschlossenes Herz, aber auch ein aufmerksames Auge: Ist die Situation noch geeignet für die Zielverfolgung? Soll das Ziel ruhen oder modifiziert werden? Die Welt ändert sich ständig – wenn sich unsere Ziele nicht mitändern, schauen wir früher oder später in die Röhre. Aber: Es gibt auch einen Unterschied zwischen Zielmodifikation und rückwärts Umfallen. Das abendliche Walking ausfallen zu lassen, weil es regnet, ist für sich genommen nicht flexibel, sondern bequem. Erst wenn man wegen des Regens auf den Hometrainer umsteigt, ist das Ziel flexibel modifiziert.

Nicht das blinde Festhalten an Zielen, sondern der Wechsel zwischen Entschlossenheit und Flexibilität zeichnet erfolgreiche Menschen aus. Wenn eine Maschine den Geist aufgibt, muss man das Ziel, einen Produktionsrekord aufzustellen, aussetzen. Trotzdem weiterzumachen nach dem Motto «Jetzt erst recht!», verursacht möglicherweise das Ausbrennen weiterer Kapazitäten – meist zuerst der Mitarbeiter. Dann geht die Produktion noch weiter in den Keller. Am Ziel festzuhalten, schadet hier nur. Thomas Merz kuriert erst einmal sein Knie aus: Das ist jetzt sein Hauptziel. Danach kehrt er wieder zu seinem eigentlichen Ziel zurück. Diese Flexibilität bringt den Erfolg.

## Das Glück kommt mit den richtigen Zielen

Wir haben eigentlich alles, was wir wollen. Einen alles in allem guten Beruf, einige nette Kollegen, unseren Freundeskreis und Erfolg am Arbeitsplatz. Wir leiden keine akute Not. Wir leisten gute Arbeit und streichen dafür auch Anerkennung ein. Wir erreichen die Ziele, die man uns setzt und die wir uns selbst setzen. Warum sind wir trotzdem unzufrieden? Logisch, man freut sich kurz über den Umsatzerfolg, über den Projektabschluss oder über einen Turniersieg. Aber bringt's das wirklich? Ist das wirklich alles? Hat das Leben nicht mehr zu bieten? Nein. Solange man die falschen Ziele hat.

Arbeitsziele, Einkommensziele oder gesundheitliche Ziele sind wichtig und nötig und verschaffen kurze Erfolgsgefühle. Aber glücklich machen sie nicht wirklich und selten wirklich dauerhaft. Es sind andere Ziele, die glücklich machen und den richtigen, magentief empfundenen Erfolg bescheren. Leider kennen viele Menschen diese Ziele nicht. Wenn wir auf Seminaren fragen «Wo möchten Sie in zwei bis drei Jahren stehen? Was möchten Sie erreicht haben?», ernten wir in den meisten Fällen erstaunte Blicke, Schweigen und Grübeln. Wie wollen wir wirklich Erfolg haben, wenn wir nicht einmal wissen, was wirklicher Erfolg für uns bedeutet?

Meist sind die uns vorgegebenen Ziele nämlich nicht identisch mit unseren eigenen Werten. Viele Menschen verfolgen innere Werte wie Unabhängigkeit, Freiraum, Kreativität oder Herausforderung. Und was tun sie? Einen Routinejob. Da ist nichts Neues, Überraschendes, Geniales, Kreatives möglich. Man hat zwar Erfolg im Beruf, doch die Freude an der Arbeit fehlt, weil die Arbeitsziele nicht mit den inneren Werten korrespondieren. Die größte Selbstsabotage, die Sabotage des eigenen Lebensglücks, ist, die falschen Ziele zu verfolgen.

Es gibt Menschen, deren innerer Wert Kompetenz ist. Und was verlangt ihre Arbeit von ihnen? Organisieren, Steuern, Kontrollieren. Kompetenz hat mit fortschreitendem Wissenszuwachs zu tun. Doch wenn man in Routine erstarrt, ist das nicht möglich. Von anderen

Menschen wird verlangt, dass sie mit neuen Konzepten und Ideen eine Sache vorantreiben. Tatsächlich aber sind sie Detailarbeiter, die eine gegebene Sache lieber perfektionieren. In diesem Job kann man nicht glücklich werden.

Deshalb lautet der erste Erfolgsimperativ: Finde deine eigenen Ziele! Was sind Ihre inneren Werte, die Ihnen wichtig sind? Was ist Ihnen wirklich wichtig? Wobei finden Sie im Leben und bei der Arbeit die tiefe innere Befriedigung, die für Sie echten Erfolg darstellt? Welche konkreten Ziele lassen sich daraus ableiten? Notieren Sie einfach wild, was Ihnen in den Sinn kommt. Manchmal nützt es auch, wenn man die Werte über die Tätigkeiten identifiziert. Also zum Beispiel: stundenlang an Werkstück feilen, neue Idee designen, controllen …

**Meine Werte:** **Meine Ziele:**

...............................................................................................

...............................................................................................

...............................................................................................

...............................................................................................

Diese Ziele sind die wahren Power-Ziele. Erreicht man eines von ihnen, macht es Bumm! im Herzen. Man spürt förmlich, wie einem der Brustkorb schwillt und wie man fünf Zentimeter größer wird. Das ist der Erfolg, der wirklich zählt.

Es ist nicht leicht, diese Power-Ziele herauszufinden, aber es lohnt sich viel mehr als alles andere. Wie sehr, sehen wir an den Kollegen, die es geschafft haben. Der Einkaufsleiter eines Verlages sagt: «Wenn ich nicht meine kleinen Projekte hätte, würde ich hier jeden Abend schreiend rauslaufen.» Er ist ein Mensch, für den Kompetenz alles ist. Doch der Einkauf ist (für ihn!) so normiert und geregelt und statisch, dass es dort viel zu wenig dazuzulernen gibt. Also sammelt er jedes Projekt auf, das die Geschäftsleitung vergibt und das ihm verspricht, was er sucht.

Das macht natürlich etwas mehr Arbeit, als sich darüber zu beklagen, dass der Job nichts Neues bringt. Aber es lohnt sich für ihn.

Umgekehrt ergeht es Franka Pantini. Sie ist eine begnadete Detailarbeiterin. Wenn man ihr ein Projekt gibt, kann man sicher sein, dass es hundertprozentig *on time, on budget* und *on target* ankommt. Leider ist das nicht ihre Arbeit. Als Abteilungsleiterin verlangt die Geschäftsleitung von ihr, dass sie Konzepte vorlegt, wie die «Lagerhaltung 2000» auszusehen hat oder wie der Auftragsdurchlauf revolutionär gesteigert werden kann. Jahrelang quält sie sich durch den Job. Sie macht ihn gut, sie erntet Anerkennung, aber zufrieden ist sie nicht. Und weiß nicht, warum: «Macht einfach keinen Spaß. Dieser ständige Druck. Und nichts läuft so, wie es soll.»

Das stimmt zwar alles, ist aber nicht das Problem. Das Problem ist: Franka hat die falschen Ziele. Irgendwann kommt sie dahinter: «Die Arbeit und ich passen nicht zusammen. Ich bin nun mal nicht einer dieser kreativen Chaoten!»

Da ihre Arbeit aber Kreativität von ihr verlangt, organisiert sie die Arbeit einfach um. Als die Geschäftsleitung wieder einmal ein geniales Konzept verlangt, ruft sie einfach die «Spinner» unter ihren engsten Mitarbeitern zum Brainstorming zusammen. Das ist zunächst ungewohnt für alle. Doch der Erfolg begeistert. Franka strahlt, weil die Erzkreativen wirklich gute Ideen liefern. Die Mitarbeiter strahlen, weil sie sich einbezogen fühlen wie nie zuvor.

Nicht immer gelingt diese Reorganisation der eigenen Arbeit entlang der eigenen Werte. Dazu sind manche Jobbeschreibungen zu restriktiv. Manchmal reicht die Reorganisation auch nicht aus. Der Einkaufsleiter von oben sagt: «Auf Dauer kann ich nicht von meinen Hobby-Projekten leben. Ich brauche langfristig eine Arbeit, die mich wirklich fordert.» Seit er sich dessen bewusst ist, sucht er in aller Ruhe nach Alternativen inner- und außerhalb seiner Firma.

Seine Frau sieht das mit Unruhe: «Warum willst du diesen sicheren Job aufgeben? Denk doch auch an uns.» Aber sie weiß, dass sie eigentlich nur die Wahl hat zwischen einer hohen finanziellen Sicherheit nebst ständig nörgelndem Gatten und einer finanziell etwas unsicheren Zukunft mit einem Gatten, der glücklich in seinem Job ist. Viele Menschen sind sich dieses Zwiespaltes bewusst. Sie wissen, dass ihr Job eigentlich nicht zu ihnen passt. Aber sie dulden stumm. Warum, sehen wir in Kapitel 3.

## Jammern & Klagen: Babysteps

Es ist beachtlich, wie viele Menschen wissen, was ihnen zum Glück fehlt. «Dieser Job bringt mich noch um. Die Arbeitszeiten, die miese Bezahlung, die doofen Kunden. Ich brauche etwas Neues», sagt Ute; schon seit fünf Jahren. Jedes Mal, wenn man Egon trifft, beklagt er sich über seinen Chef. Jedes Mal, wenn man Petra begegnet, klagt sie über ihren verständnislosen und oberflächlichen Gatten. Warum verlässt sie ihn denn nicht endlich? Oder bläst ihm wenigstens mal ordentlich den Marsch?

Natürlich gibt es Menschen, die nur wegen des Sekundärgewinns (s. o.) jammern. Wer jammert, muss nichts ändern. Er muss sich keine Ziele setzen, sich engagieren und die Ziele verfolgen. Er kann bequem bei einer Tasse Espresso sitzen, die Schlechtigkeit der Welt beklagen und Mitleid ernten. Jammern ist sicherer und bequemer als wirklich etwas ändern. Aber es gibt auch Menschen, die ehrlich und wirklich ein Ziel erreichen wollen und es einfach nicht packen. Manchmal kann man da tatsächlich nur noch jammern: «In meinem Alter noch ein neuer Job? Ojeojeoje …»

Ist das wirklich so unmöglich? Nein. Es scheint nur so. Unerreichbare Ziele sind nicht unerreichbar – sie sind nur sabotiert.

Wenn uns ein Ziel übermächtig groß erscheint, erliegen wir meist einer raffinierten Täuschung. Nicht das Ziel ist zu groß, der erste Schritt ist es. Wenn wir beim Anblick eines Ziels denken: «Schaff ich nicht, zu groß, einfach riesig», wenn uns das Ziel wie ein Klotz am Herzen hängt, dann hat es eine Sabotagestrategie zu dieser riesenhaften Dimension aufgeblasen. Mammutziele gibt es nämlich überhaupt nicht. Mit fünfzig noch einen neuen Job finden? Wie soll das gehen, von heute auf morgen? Das ist freilich eine schlimme Aussicht. Nicht das Ziel ist riesig, der erste Schritt ist es. Jedes riesenhafte Oje-Ziel setzt sich aus niedlichen Minizielen zusammen. Und ist das Großziel nur klein genug zerlegt, kann man es auch erreichen. Das ist die Erfolgsstrategie der Babysteps.

Wer sich Monstersteps setzt, stellt sich nicht nur selbst ein Bein. Er macht sich auch sein Leben kaputt. Monstersteps setzen nämlich eine böse Abwärtsspirale in Gang. Man setzt sich einen viel zu großen ersten Schritt. Man schafft ihn nicht. Man sagt sich: «War wohl nichts.» Man setzt sich ein neues Ziel. Wieder geht's schief. Langsam beschleichen einen Zweifel: «Was ist los mit mir?»

Wenn man das nur oft genug macht, fährt man sein Selbstbewusstsein völlig in den Keller. Und ohne Selbstbewusstsein wird es noch schwerer, Ziele zu erreichen. Der Höllenkreislauf hat sich eingespielt: zu große Schritte – Misserfolg – Demotivation – neue Ziele – Misserfolg – Resignation.

Wer sein Ziel mit Monstersteps erreichen will, provoziert den eigenen Misserfolg und entwickelt irgendwann eine Verlierermentalität: «Ich schaff's ja doch nicht.» Denn das Unterbewusstsein wird ständig mit Misserfolgsmeldungen überflutet. Das Selbstbewusstsein sinkt. Und wenn ich mit mangelndem Selbstbewusstsein auf den Fußballplatz gehe, kann ich mir lange das Ziel setzen, Weltmeister zu werden – es wird nicht funktionieren. Denn gewonnen wird im Kopf. Wer sich also zu große Zielschritte vornimmt, verfehlt kurzfristig sein Ziel und erzieht sich langfristig zum Verlierer. Das Gehirn vergisst keinen Misserfolg. So sammelt sich quasi eine mentale Altlast an, die die Motivation verseucht. Das Unterbewusstsein schaltet auf Resignation um.

Gott sei Dank funktioniert diese teuflische Rückkopplungsschleife auch in die entgegengesetzte Richtung. Man sieht das schön an den sprichwörtlichen Erfolgstypen. Sie nehmen sich große Ziele vor. Meist größere als normale Zeitgenossen. Doch sie verzweifeln nicht daran, weil sie immer nur den nächsten Schritt sehen. Man kennt ja den Trainerspruch: «Das nächste Spiel ist immer das schwerste.» Von Meisterschaft spricht hier niemand. Deshalb wird sie errungen. Weil man immer nur das nächste Spiel sieht. Ähnlich machen es die alpinen Spitzenfahrer. Alberto Tomba soll gesagt haben: «Du denkst immer drei Tore voraus – wer am Start schon ans Ziel denkt, kommt meist nicht dort an.»

Diese geistige Disziplin ist nicht einfach zu halten. Man sieht das große Ziel – und schaudert. Doch gerade im Sport kann man die Konzentration auf Babysteps sehr gut trainieren. Man weigert sich strikt, an das Spielergebnis zu denken. Man denkt immer nur an den nächsten Ball, den nächsten Pass, den nächsten Zug (s. Kapitel 3). Wer ans Endergebnis denkt, wird nervös und spielt schlecht, baut sich selbst Druck auf, «Muss gewinnen!» – und gewinnt nicht. Wer dagegen nur den nächsten Ball sieht, wird ruhig. Und wer cool bleibt, gewinnt.

Die Methode der Babysteps hat zwei entscheidende Vorteile. Erstens wird das Großziel automatisch erreicht, wenn alle Kleinziele erreicht sind. Zweitens produziert diese Methode Gewinner. Bei jedem Teilerfolg registriert das Unterbewusstsein: «He, ich schaff's ja! Ich bin richtig gut!» Nichts motiviert so sehr wie Erfolg. Das Selbstvertrauen steigt und damit die Erfolgswahrscheinlichkeit für das nächste Ziel.

Die Methode der Babysteps produziert Erfolgserlebnisse. Und das motiviert. Vorausgesetzt, man feiert die Erfolge. Selbstverständlich? Mitnichten. Es gibt viele Menschen, die brüsten sich mit Fehlern («Habe ich wieder Mist gebaut») und entschuldigen sich für Erfolge: «Ach, war doch auch Glück. Ist ohnehin nichts Besonderes. Gehört doch zu meiner Aufgabe.» So redet kein Gewinner. Gewinner sind stolz auf das Erreichte. Sie belohnen sich. Ganz bewusst.

Leider sagt man gerade Frauen nach, dass sie es im Beruf nicht so weit bringen, weil Männer sich selbst bei kleinsten Erfolgen übertrieben brüsten und Frauen selbst bei großen Erfolgen eher ihr Licht unter den Scheffel stellen. Ob Sie Ihren Erfolg lauthals herumposaunen, ist nicht so wichtig. Viel wichtiger ist, dass Sie Ihrem Unterbewusstsein den Erfolg bestätigen. Denn das braucht Ihr Selbstbewusstsein. Gehen

Sie bewusst in den inneren Dialog (s. Kapitel 3 und 9). Gratulieren Sie sich. Bestätigen Sie sich den Erfolg: «Gut gemacht. Geht doch. Ziel voll erreicht. Weiter so.» So baut man sich selbst auf. Das hat mit Eigensucht nichts zu tun. Das ist Psychohygiene. So nötig wie Zähneputzen auch. Wer sich nicht selbst lobt, schadet der Gesundheit. Eine Belohnungshemmung muss man sich schleunigst abgewöhnen.

Kann man selbst an Babysteps scheitern? Kann man. Dann ist die Enttäuschung natürlich riesengroß: «Ich habe mir als Ziel gesetzt, wenigstens einmal die Woche zehn Minuten zu joggen – und jetzt schaffe ich noch nicht mal das!»

Da schmeißt man dann gerne die Brocken hin und gibt das Großziel auf. Zu Unrecht. Denn es ist erreichbar. Eine Führungskraft klagt: «Seit vier Wochen versuche ich täglich, Meier beizubringen, wie man die Kundendaten korrekt ablegt – der packt's einfach nicht!» Nein, der Vorgesetzte packt's nicht. Wenn ich seit vier Wochen etwas ergebnislos versuche, dann lasse ich mir doch etwas anderes einfallen! Ich kann den Mitarbeiter beispielsweise auf eine Schulung schicken oder zu einem Kollegen, der's kapiert. Es gibt unendlich viele Möglichkeiten, ein Ziel zu erreichen. Wer schon beim ersten Stolperer nicht mehr hochkommt, bringt es nie weit. Lassen Sie sich immer mindestens drei Möglichkeiten einfallen, einen Meilenstein zu erreichen. Denn eine Möglichkeit ist Zwang, zwei sind ein Dilemma und ab drei beginnt die Auswahl. Das nennt man Flexibilität.

## Jedes Ziel hat seinen Preis – wollen Sie ihn bezahlen?

Ein altes Sprichwort sagt: Hüte dich vor deinen Wünschen – sie könnten in Erfüllung gehen! Denn jeder Wunsch hat seinen Preis. Und manchmal kommt der teuer. Karlchen hat endlich sein nächstes Karriereziel erreicht und ist Abteilungsleiter geworden. Dafür bezahlt er jetzt. Die alten Kollegen akzeptieren ihn nicht mehr als einen von ihnen. Einige reden ihn plötzlich mit Sie an. Er kann nicht mehr einfach nur so einen Kaffee mit ihnen trinken.

Manchem mag das egal sein. Doch Karlchen, der Wert auf gutes Klima legt, fühlt sich unwohl in seinem neuen Job. Er hat plötzlich seinen gesamten Kollegenkreis verloren. Viele Spitzenverkäufer, die «zur Belohnung» zum Regionalleiter befördert werden, sind todunglücklich mit ihrem «Erfolg». Verkaufen war ihr Leben. Jetzt müssen sie verwalten. Sie haben zwar ein gutes Gehalt und Ansehen, würden ihren Job aber gerne wieder für ihren alten eintauschen.

Wir verfehlen oft unserer Ziele, weil wir die Kosten nicht vorab kalkulieren. Wir wollen den nächsten Karrieresprung schaffen und schieben fleißig Überstunden. Aber das ist zu wenig! In diesem Unternehmen wird nur ins Mittelmanagement befördert, wer zwei oder drei Projekte leitete. Also nützen uns die ganzen Überstunden nichts. Der Preis ist höher. Jedes Ziel hat seinen Preis. Welchen? Was ist der tatsächliche Gesamtpreis? Solange wir den Preis nicht exakt kennen, können wir überhaupt nichts über das Ziel aussagen. Sobald wir aber den Preis kennen, können wir sehr gut vorhersagen, ob wir das Ziel erreichen werden. Denn wir wissen, was wir investieren müssen. Zu trauriger Berühmtheit hat es der Ausspruch eines Büromenschen gebracht, der für sein Leben gern fünf Kilo abgenommen hätte. Seine Kollegen rieten ihm jedes Mal, wenn er über sein Gewicht jammerte: «Lauf, fahr Rad, geh schwimmen!»

Worauf er antwortete: «Ich will nicht laufen oder schwimmen. Ich will abnehmen!»

Er hatte ein Ziel. Aber er wollte die Kosten nicht tragen. Dumm gelaufen. Deshalb ist es besser, man fragt sich bereits bei der Zielformulierung:

- Was kostet mich das an Zeit, Ausdauer, Hartnäckigkeit, Durchhaltevermögen, Hilfe von außen, Anstrengung und Geld?
- Was entgeht mir dadurch (Opportunitätskosten)?
- Wo liegen versteckte Nebenkosten?
- Wenn ich das alles zusammenzähle: Ist dann G > K? Ist der Gewinn noch größer als die Kosten? Lohnt sich das überhaupt?
- Möchte ich die Kosten tatsächlich tragen? Kann ich sie mir leisten?

Es ist seltsam, aber wer die Kosten eines Zieles sieht, fühlt sich plötzlich motivierter als vorher. Kosten können dem Leben Sinn und Orientierung geben.

«Vor zwei Wochen hat mich die angedrohte Umsatzsteigerung um 25 Prozent zu Tode erschreckt», sagt ein Verkäufer. «Seit ich weiß, dass ich dafür in den nächsten sechs Monaten zwei Kundenkontakte pro Tag mehr brauche, bin ich beruhigt. Ich weiß, was ich tun muss und dass ich es tun kann.»

Wer die Kosten sieht, bekommt vielleicht zum ersten Mal ein Gefühl dafür, dass das Ziel tatsächlich erreichbar ist. Oder er sieht, dass die Kosten viel zu hoch sind. Und dass man das Ziel zu viel geringeren Kosten auch erreichen kann. Wieso ein Häusle bauen, wenn es derzeit so viele Neubauten gibt, die wegen Finanzengpässen abgestoßen werden? Viele Traumziele, die einen ein Leben lang gereizt haben und deren Nichterreichen einen schon beinahe traumatisch verfolgt – die Jacht im Mittelmeer, das Häuslein im Tessin, der überragende gesellschaftliche Erfolg –, werden außerdem sehr schnell unattraktiv, sobald man mal scharf kalkuliert. Und plötzlich quälen sie einen nicht länger.

## ... außer man tut es: *Take action!*

Träume sind eine schöne Sache. Aber sie werden nicht wahr, jedenfalls nicht einfach nur so. Es gibt einen interessanten Sprachunterschied. Im Deutschen heißt es: Sein Traum wurde wahr. Der Amerikaner, der immer ein bisschen klüger ist, was Motivation anbelangt, sagt: *He made his dreams come true* – er ließ seine Träume wahr werden. Der Unterschied zwischen beiden Sprachfiguren heißt Handeln.

Es gibt eine klare Korrelation zwischen Tatkraft und Erfolg. Je mehr man tut, desto eher erreicht man sein Ziel. Was man tut, nicht was man weiß, ist Maßstab des Erfolgs. Probieren geht über Studieren. So einfach kann es sein, Erfolg zu haben. Erfolgsmenschen stehen früher und öfter vom Sofa auf. Während Durchschnittsmenschen nach einem

Rückschlag an Aufgabe denken, denkt der Erfolgsmensch bereits an den nächsten Versuch. Während wir Zögerer noch nach dem besten Mittel suchen, setzt der Erfolgsmensch bereits das Naheliegende ein und erkennt so viel schneller, welches Mittel besser ist. Die Erfolgswahrscheinlichkeit steigt schneller, wenn man handelt, als wenn man überlegt. Natürlich soll man nicht unüberlegt handeln. Doch wenn der Zielrahmen (s. o.) klar ist, wenn das Ziel smart formuliert wurde, muss man loslegen.

Wenn man wirklich alles getan hat, muss man sein Ziel erreichen – oder sich wenigstens keine Vorwürfe machen. Man hat ja alles getan. Simple Erkenntnis: Ziele erreicht man nur durch Handeln, nicht durch Abwägen oder Zögern. Warum zögern wir dann den nächsten Versuch immer wieder hinaus? Weil die Saboteure in unserem Kopf Reigen tanzen. Wir denken:

- Das renkt sich irgendwie schon von alleine wieder ein (die sogenannte unbestimmte Heilserwartung).
- An Weihnachten kümmere ich mich darum, da habe ich Zeit (*Procrastination* sagen die Amerikaner: auf die lange Bank damit).
- Ich kauf mir ein Buch, damit schaffe ich's dann (die bestimmte Heilserwartung: Buch, Trainer, Partner, rette mich!)
- Na ja, so schlimm ist das alles nicht. Da besteht noch kein akuter Handlungsbedarf.

Besonders Raucher und andere Menschen mit schädlichen Lastern leiden unter diesem letzten Zielkiller, den der Nationalökonom Pigou Defective Telescopic Faculty nannte: Was ihn zehn Jahren ist, juckt heute keinen sonderlich. Selbst Krebs, die Raucherlunge oder ein amputiertes Bein erscheinen durch den endlos langen Zeittunnel gesehen unendlich klein. *Take action?* Heute noch nicht. Empowerment der Mitarbeiter? Mehr Marktorientierung? Radikale Beschleunigung der Auftragsdurchlaufzeiten? Ach was, das läuft doch auch so nicht schlecht.

Außerdem dürfen wir nicht vergessen, dass Ziele Angst machen.

Natürlich geht mir mein Partner auf den Keks – aber wer weiß, ob was Besseres nachkommt? Natürlich halte ich es mit diesem Chef keine Minute länger aus! Aber wer weiß, ob's im neuen Job nicht viel schlimmer kommt? Natürlich ist unser Auftragsdurchlauf arthritisch. Aber durch das Chaos bei einer Reorganisation wird das doch nur schlimmer! Man nennt dieses Dilemma auch die Hasenfuß-Ungleichung: Ein gewohntes Übel erscheint attraktiver als eine ungewohnte Wohltat. Wir leiden lieber unter dem Bekannten, als vom Unbekannten zu profitieren. Wir ziehen den sicheren Schmerz der unsicheren Wohltat vor.

Vor allem, da die Wohltat ja noch nicht mal eine ist. Am Anfang macht die Zielverfolgung selten Spaß. Was soll daran lustig sein, auf die gewohnte Zigarette zu verzichten? Ist ein Schweißausbruch nach hundert Metern Joggen lustig? Dem Chef endlich mit zum Knoten verkrampftem Magen konstruktives Feedback geben – wo bleibt da der Kick? Seien wir ehrlich: Ziele sind eine Qual. Wir würden ja gerne unser Leben ändern – aber zu diesen Kosten? Da behalte ich doch lieber meinen alten Job, meinen Partner, meine jetzige Verkaufstechnik, mein Führungsverhalten, meine Arbeitsorganisation, meine Kommunikationspathologien … Da weiß ich wenigstens, was ich hab!

Wann immer Sie ein Ziel nicht so zügig und entschlossen anpacken, wie das eigentlich angeraten wäre, sitzen Sie einer Ungleichung auf: K > G. Die Kosten scheinen größer als der Gewinn. Wobei Unsicherheit auch eine Kostenart ist. Deshalb gibt es im monetären Bereich den Zins. Er ist eine Kostenerstattung für Unsicherheit. Wenn Sie also Probleme haben, überhaupt erst vom Sofa aufzustehen oder nach einem Rückschlag wieder vom Sofa hochzukommen – machen Sie sich keine Vorwürfe. Schelten Sie sich nicht antriebsfaul oder entscheidungsschwach. Arbeiten Sie lieber an der Ungleichung. Und zwar an beiden Seiten.

Erst einmal müssen die Kosten runter. Jeden Morgen fünf Kilometer Joggen? Schaffe ich nicht. Kein Wunder, ist auch viel zu teuer! Wie wär's mit fünf Minuten Walking für den Anfang? Merke: Babysteps sind wunderbare Kostenreduzierer. Es ist immer einfacher und bequemer, nichts zu ändern und so weiterzumachen wie bisher. Deshalb sind Babysteps so wichtig: Sie erleichtern uns die Veränderung. Mit fünfzig noch ’nen neuen Job? Jesusmariaundjosef! Wie wär’s damit: Jede Woche zwei Bewerbungen schreiben und jeden Monat mindestens ein Interview ergattern? Da wird das Ganze doch schon weniger unangenehm. Außerdem passen sich auf diese Weise die Anforderungen dem Leistungsniveau an. Wann immer Sie vor *Take action!* Hemmungen verspüren, resignieren Sie nicht, versuchen Sie auch nicht, den inneren Schweinehund zu überwinden, sondern senken Sie die Kosten.

Dann steigern Sie den Gewinn. Doch, doch, das geht. Der Finanzgewinn ist immer fix: 5 Mark 35. Der psychologische Gewinn dagegen ist variabel. Karl, der Choleriker, ist unzufrieden: «Jetzt war ich drei Tage lang auf Seminar und meine Mitarbeiter sind noch immer nicht motivierter!» Er glaubt, sein Gewinn sei null. Seine Assistentin aber sagt: «Heute haben Sie zum ersten Mal den Meier nicht angebrüllt, als er sich wieder den Hammer mit der Zeituhr leistete. Und prompt hat er heute Nachmittag korrekt gestempelt.» Karl kratzt sich am Kinn: «Ist mir gar nicht aufgefallen. Stimmt eigentlich.» Plötzlich ist der emotionale Gewinn da. Und plötzlich dreht sich die Ungleichung um: G > K.

Wer konsequent die Kosten drückt und eisern ein Belohnungsprogramm fährt, hat keine Angst vor keinem Ziel. Bislang unerreichbare Ziele werden plötzlich erreichbar. Und man hat sogar Spaß dabei! Denn Erfolg, selbst bei kleinsten Schritten, macht Lust auf mehr. Wer sieht, dass er hier und heute bereits einen Achtungserfolg erzielen kann, schiebt sein Vorhaben nicht auf die lange Bank. Der wartet nicht, dass sich das von alleine wieder einrenkt, denn er will hier und heute *the sweet smell of success* schnuppern. Wobei die Gewinnseite der Ungleichung oft schwieriger zu handhaben ist als die Kostenseite. Sich Babysteps auszudenken geht ja noch. Aber sich selbst belohnen? Da sträuben sich viele dagegen.

Wir sind es gewohnt, dass andere uns belohnen. Wir haben verlernt, es selbst zu tun. Bei Kindern sieht man diese verlorene Fähigkeit noch gut. Es gibt ein Alter, in dem sie selbstverloren im Sandkasten spielen und selig lächeln, wenn ihnen ein besonders schöner Turm gelingt. Ab einem bestimmten Alter verschwindet das: «Mami, guck mal, guck schon endlich!» Sich selbst zu belohnen, kann harte Arbeit sein. Recht nützlich ist dafür ein Erfolgstagebuch. Wenn man sich zwingt, jeden Tag jeden Erfolg auf dem Zielweg zu notieren, entdeckt man plötzlich, wie viel Erfolg man eigentlich erringt und wie viele Erfolgserlebnisse man früher unterschlagen hätte.

Gerade in Unternehmen ist diese Belohnungspathologie die Ursache für das Scheitern der meisten Veränderungsprojekte und Reorganisationen. Erstens wird von Mitarbeitern und Managern verlangt, dass sie das Großziel in null Komma nix erreichen. Babysteps? Gibt es nicht. Dann wird jeder kleine Erfolg systematisch entwertet: «Jaja, ganz nett, aber am Ende muss viel mehr rauskommen.» Kein Wunder, dass die Mitarbeiter irgendwann die Lust verlieren und Dienst nach Vorschrift machen. Darüber wundern sich dann die Topmanager: «Die Leute tragen den Wandel einfach nicht mit!»

Unternehmen, die dem Mitbewerb um einige Nasenlängen voraus sind, haben dagegen eine Kultur des Erfolgs. Sie belohnen Erfolg, wo immer er auftritt. Als ein Besucher sich bei einem Anlagenbauer wunderte, dass eine gesamte Projektmannschaft spontan ein Fass aufmachte, nur weil das Pflichtenbuch fertiggestellt war, meinte der Projektleiter: «Aber das Pflichtenbuch ist die DNA des Projektes! Wenn sie feststeht, wissen wir genau, wohin es gehen muss.»

Der Besucher meinte: «Solche begeisterten Teams fehlen mir.»

Erfolg begeistert – aber nur, wenn er gewürdigt wird. Also feiern wir ihn! Belohnen wir den besten Verkäufer, den Mitarbeiter der Woche, den schnellsten Projektleiter … und frustrieren damit 99 andere Verkäufer, 499 Mitarbeiter und 49 andere Projektleiter. Wir müssen erst noch lernen, wie man Erfolge feiert.

In einigen US-Unternehmen gilt bereits die Maxime: Wo es Verlierer gibt, ist kein Erfolg. Dort wird nicht belohnt, wer besser ist, sondern wer Erfolg hat. Das setzt natürlich eine völlig andere Führungsmethodik voraus. Wenn ich einen Mitarbeiter anerkennen will, der eben zum ersten Mal nicht die Messe-Killerfrage stellte «Kann ich Ihnen helfen?» (99-Prozent-Antwort: «Nein, ich schaue mich nur um …»), muss ich überhaupt erst mitbekommen, dass er die richtige Eröffnungsfrage gestellt hat. Und viele Führungskräfte sind so weit von ihren Mitarbeitern entfernt, dass sie ihre Erfolge nicht mehr erkennen, geschweige denn anerkennen können.

Am Ende dieses Kapitels werden sich einige nachdenklich das Kinn reiben. Man braucht für den Erfolg nicht nur smart formulierte Ziele, sie müssen auch noch zu Umwelt und Situation passen, müssen rentabel (G > K) sein, den Sekundärgewinn sicherstellen und in Babysteps zergliedert sein. Das macht zwar etwas Arbeit – immer weniger, als man gemeinhin annimmt, eher Minuten als Stunden –, aber danach erst entwickeln Ziele das, was die Erfolgstrainer von ihnen behaupten:

- Ziele motivieren uns. Sie geben uns Kraft.
- Ziele geben uns Orientierung. Egal ob wir vorwärtskommen oder zurückgeworfen werden, wir wissen immer ganz genau, was dies für das Endziel heißt.
- Ziele geben uns Sinn. Ziele geben uns die Kraft zum Losmarschieren und die Richtung, in die wir gehen müssen.

Dazu eine kleine Geschichte. Eine US-Studie untersuchte Anfang der 70er-Jahre, welche beruflichen Ziele Hochschulabsolventen mit Berufsrichtung Management hatten. Nur drei Prozent der Befragten hatten ihre Ziele schriftlich festgehalten. Zwanzig Jahre später ergab eine Nachfolgestudie, dass diese drei Prozent Absolventen mehr Geld verdienten, als die restlichen 97 Prozent ihrer Kolleginnen und Kollegen zusammen! Das ist die Kraft sauber formulierter Ziele.

*«Einstellungen sind wichtiger als Tatsachen.»*
Dr. Karl Menninger

*«Wir haben zwar alle einen Kopf, doch die wenigsten haben gelernt, ihn zum eigenen Wohle zu benutzen.»*
Des'ree

# 3 Der kleine Mann im Ohr

## Einstellungen entscheiden

Erfolg ist Einstellungssache. Der Sport ist der beste Beweis dafür, wenn zum Beispiel die Nummer 111 der Tennis-Weltrangliste die Nummer 7 vom Platz fegt. Boris Becker sagte einmal nach einer solchen Niederlage: «Er war heute mental einfach stärker.» Ein schöner Hinweis. Doch wie schafft man es, einen Gegner durch bloße Willenskraft zu besiegen?

Um die Antwort zu finden, braucht man nur den DFB-Fußballpokal zu verfolgen. Da schlagen jedes Jahr unterbezahlte Halbamateure aus drittklassigen Ligen hochdotierte Profis der ersten Bundesliga. Wie kann das angehen? Eigentlich ist das doch unmöglich. Alle Tatsachen sprechen dagegen: Die Profis haben die besseren Spieler, den teureren Trainer, die reifere Spielanlage – doch die Amateure gewinnen: weil im Leben selten die nackten Tatsachen entscheiden. Einstellungen entscheiden. Die Amateure «kämpfen bis zum Umfallen», spielen «wie entfesselt», «lassen sich von großen Namen nicht beeindrucken».

Man kann selbst dann, wenn die Chancen 10:1 gegen einen stehen, noch gewinnen. Man kann noch mit fünfzig einen neuen Job angeln, als Arbeiterkind in die Chefetage aufsteigen oder als Frau Karriere machen – wenn es im Kopf stimmt. Doch was genau heißt das? Wie sieht es im Kopf von Gewinnern aus?

Um in die Köpfe von Gewinnern zu schauen, braucht man nicht in ihre Köpfe zu schauen. Die berühmten «Geheimnisse des Erfolgs» posaunt jeder bessere Oberliga-Trainer bei der Pressekonferenz in alle Welt hinaus, wenn er zum Beispiel gegen einen übermächtigen Bundesliga-Gegner antreten muss: «Wir haben nichts zu verlieren. Wir können nur gewinnen. So oder so.»

Kein Wunder spielen seine Mannen wie entfesselt – jeglicher Erfolgsdruck ist von ihnen genommen. Welches Band läuft dagegen in unserem Kopf, wenn wir vor einer Herausforderung stehen? «Das wird schwierig.» – «Wie schaffe ich das bloß!» – «Mit diesem Produkt ist kein Blumentopf zu gewinnen.» Und im Magen wird es flau. Wir schieben die Schuld zwar gerne auf den Gegner, das Produkt, die Umstände, den Rasen, den Schläger, den Chef, den bösen Kollegen oder die Konjunktur. Aber in Wirklichkeit stimmt es im eigenen Kopf nicht.

Unser Kopf ist voll von Stimmen. Immer und zu jeder Zeit. Man nennt sie den inneren Dialog. Meist ist es ein Monolog. Dieser Monolog lässt sich genauso wenig unterbinden wie das Atmen. Und er hat zwei genauso weitreichende Eigenschaften:

– Was wir denken, lenkt unser Verhalten.
– Was wir denken, ist nicht die Wahrheit.

Wir stehen vor einer wichtigen Präsentation, einem Kundentermin, einem prekären Projekt, dem Gespräch mit dem Chef oder einem Vorstellungsgespräch. Was läuft im Kopf ab? «Ich bin nicht der geborene Redner.» –«Der Kunde ist schwierig.»

Das Unheil nimmt seinen Lauf. Weil wir ohnehin nichts Gutes erwarten, treten wir verkrampft auf. Unser Gegenüber merkt diese Verkrampfung und reagiert negativ. Wenn wir locker sind, sind wir geistreich und überzeugend. Verkrampft haben wir wenig Erfolg. Nicht weil der Kunde schwierig oder der Chef rechthaberisch wäre (die Tatsachen), sondern weil wir mit angezogener Handbremse reden und handeln (die Einstellung). Was wir dachten, bestimmte unser Handeln, weniger die platten Fakten. Deshalb sagt man auch, dass die Motivation entscheidet. Motivation ist wichtiger als Tatsachen.

Was wir denken, steuert unser Verhalten. Doch was wir denken, ist nicht richtig, wirklich oder wahr. Das Glas ist halb leer? Nein, es ist halb voll. Was ist nun richtig? Beides, aber darauf kommt es nicht an. Es kommt darauf an, was die Gedanken für Folgen haben. Ein Beispiel: Ein Schuhfabrikant geht nach Afrika, um die Marktchancen für Sandalen zu ergründen. Enttäuscht kommt er heim: «Keine Chance – die brauchen keine Schuhe, die laufen alle barfuß rum.» Sein Mitbewerber war ebenfalls unten und kommt begeistert zurück: «Fantastische Marktchancen – die brauchen alle Schuhe, die laufen alle barfuß rum!» Was ist richtig? Niemand weiß es. Was wir wissen, ist jedoch: Was der kleine Mann im Ohr dem ersten Fabrikanten einflüstert, führt zum Nichtstun. Was der kleine Mann dem zweiten einflüstert, führt zum Handeln. Und Erfolg kommt nur durch Handeln (s. «... außer man tut es» in Kapitel 2).

Was wir denken, ist weder richtig noch falsch. Aber es bestimmt unser Handeln. Manchmal so sehr, dass es sich selbst erfüllt. Wer vor einem Kundengespräch denkt: «Oje, das wird nichts», verhält sich so verkrampft, dass er wenig überzeugend wirkt und das Gespräch tatsächlich nicht gut läuft. Hätte er gedacht: «Da haben wir schon ganz andere Sachen geschaukelt», wäre er so locker aufgetreten, dass er viel glaubwürdiger gewirkt und den Kunden überzeugt hätte.

In beiden Fällen tritt das ein, was wir gedacht haben. Man spricht deshalb von einer sich selbst erfüllenden Prophezeiung, der Self-Fulfilling Prophecy. Das ist die Macht der Gedanken.

Wir sind tatsächlich unseres eigenen Glückes Schmied. Die Kraft unserer Gedanken erschafft unsere Welt. Also sollten wir genau darauf achten, was uns der kleine Mann im Ohr einflüstert.

## Glück ist Gewohnheitssache

Bisher haben Sie nichts Neues gelesen. Dass Gedanken die Welt erschaffen, wissen wir, theoretisch. In der Praxis sieht das anders aus. Stellen Sie sich vor, Sie sitzen an einem herrlich heißen Julitag in der Gartenwirtschaft, die Sonne strahlt, urplötzlich kommen Wolken auf und es fallen die ersten Regentropfen. Was fällt Ihnen spontan dazu ein?

«Oje, jetzt verregnet es mir den schönen Tag.»

«Toll, ein Gewitterregen. Das erfrischt, in zehn Minuten scheint wieder die Sonne und die Straßen dampfen.»

Manche hören in dieser Situation eine innere Stimme. Manche reagieren mit einem Gefühl: Enttäuschung oder Freude oder Frust. Das ist normal. Merkwürdig daran ist: Wir halten diese Gedanken und Gefühle für die Realität. Wir glauben wirklich, dass uns der Tag jetzt im Sinne des Wortes verregnet ist. Doch das ist nicht wahr. Das ist keine Tatsache. Dass es regnet, ist eine Tatsache. Dass das «blöd» oder «schön» ist, ist ein Gedanke oder ein Gefühl. Mit welchem Gefühl oder Gedanken wir auf die Tatsache «Regen» reagieren, liegt nicht an der Tatsache, sondern an unserer Einstellung. Der eine Biergartenbesucher zieht eine Schnute, der andere sieht das Positive an der Sache. «Der eine ist halt Optimist, der andere Pessimist», könnte man jetzt sagen. Aber so stimmt das nicht.

Niemand wurde als Pessimist geboren. Pessimismus fällt nicht vom Himmel. Er ist nicht genetisch bedingt – obwohl viele das glauben: «Kann man nix machen, bin halt so.» Falsch. Pessimismus ist nicht angeboren, er ist erworben.

Wir erlernen diese Denkhaltung in der Kindheit. Genauso, wie andere Optimismus lernen. Sozialforscher fanden heraus, dass Kinder von mutigen, handlungsorientierten Eltern meist auch mutig und aktiv sind. Sie haben das so gelernt. Schwarzsehen ist also kein Schicksal, sondern eine Gewohnheit. Deshalb sagen gute Freunde auch: «Nun sieh das mal nicht so eng!» Und wir sagen es uns selbst. Aber irgendwie funktioniert das nicht. Silvia sagt: «Ich will ja positiv denken. Aber die schwarzen Gedanken schleichen sich immer wieder ein. Ich bin eben kein Optimist.»

Manche fühlen sich körperlich unwohl, wenn sie versuchen, positiv zu denken: «Das passt nicht zu mir. Irgendwie bin ich das nicht.»

Und das stimmt. Machen wir dazu ein kleines Experiment.

Kreuzen Sie einfach mal die Unterarme vor der Brust. Lösen Sie die Unterarme. Verschränken Sie die Arme nochmals. Und noch einmal. Ein Unterarm liegt über dem anderen. Welcher? Bei manchen ist es der linke, bei manchen der rechte. Aber es ist immer ein und derselbe. Gewohnheit eben.

Und jetzt versuchen Sie das genau umgekehrt. Der untere Unterarm liegt jetzt oben. Und die Hände liegen genau spiegelverkehrt zur ersten Ausführung. Überrascht?

Die meisten Menschen brauchen für diese einfache Übung drei oder vier Anläufe, bis alle Arme und Hände sortiert sind. Und sie sagen alle: «Huch, was für ein seltsames Gefühl. Fühlt sich irgendwie fremd an.»

Fühlt sich genauso fremd an, wie optimistisch zu denken. Vergleichen Sie mal die Gefühle. Es ist dasselbe Gefühl von Fremdartigkeit; von etwas, das nicht zu einem passt. Obwohl es nur eine dumme Gewohnheit ist, reagieren wir auf Abweichungen von der Gewohnheit mit Befremden und Zurückweisung. Das ist die entscheidende (Fehl-)Konstruktion in unserer Denksoftware: Das menschliche Gehirn ist so programmiert, dass es Gewohnheiten für *richtig* hält.

Der Mensch ist ein Gewohnheitstier. Alles, was von der Gewohnheit abweicht, wird instinktiv als falsch beurteilt. Deshalb ist vielen Menschen Optimismus so fremd. Je stärker Ihre Eigensabotagegewohnheiten sind, desto seltsamer werden Ihnen die folgenden Gegenstrategien vorkommen, den inneren Skeptiker, den inneren Kritiker und den inneren Meckerer abzustellen.

Aber mit jedem Babystep, den Sie bei diesem Trainingsprogramm erfolgreich absolvieren, werden Sie bemerken: Erfolgreich denken ist nicht seltsam. Es ist nur eine Gewohnheit, die man sich wie jede andere Gewohnheit auch aneignen kann. So, wie wir gelernt haben, uns gedanklich herabzuziehen, genau so können wir uns auch selbst aufbauen. Wenn Menschen haufenweise Erfolgsbücher im Regal liegen haben und es trotzdem nicht schaffen, erfolgreich zu denken, liegt es oft daran, dass sie zwar wissen, wie Erfolgsdenke funktioniert, sie aber einfach noch nicht zu einer neuen Gewohnheit aufbauen konnten. Sobald Ihnen das gelingt, werden Sie merken, dass erfolgreich denken ganz von alleine funktioniert. Es wurde Ihnen zur Gewohnheit.

Die meisten Menschen halten eine Gewohnheit für etwas sehr Abstraktes und daher fast Unheimliches: «Ich will ja das Rauchen aufgeben – aber die Macht der Gewohnheit!» Dass es der modernen Hirnforschung gelang, Gewohnheiten im Gehirn physisch zu lokalisieren, ja sogar die dafür zuständigen Neuronen zu identifizieren, ist nicht nur ein beispielloser medizinischer Durchbruch, sondern macht den meisten Menschen mächtig viel Mut: Gewohnheiten sind ganz konkrete «Schaltungen» im Kopf. Wie der Lichtschalter an der Wand. Wenn Sie das Licht nicht mehr von der Tür, sondern vom Fernsehsessel aus anknipsen wollen, müssen Sie neu verdrahten. Das ist kein Problem, lediglich etwas Aufwand. Das heißt: Sie können sich selbst die schlimmsten Gewohnheiten abgewöhnen. Wenn Sie neu «verdrahten».

Das erklärt, warum die beste Methode, sich eine schlechte Gewohnheit abzugewöhnen, darin besteht, das neue Verhalten immer und immer wieder neu zu probieren: Das ist die einzige Methode, unser Gehirn buchstäblich neu zu verdrahten (mehr dazu in Kapitel 7).

## Der innere Skeptiker

Als man den überraschend siegenden Tennis-Champ eines Hamburger Nobel-Tennisclubs fragte, wie es ihm gelungen sei, den jahrelangen Abonnementsmeister zu schlagen, sagte er: «Ich wusste, ich kann ihn packen, wenn ich ihn an der Grundlinie halte.» Dieses Band lief in seinem Kopf. Sein Kopf sagte «Grundlinie», und sein Arm schlug

Grundlinienbälle. Was dachte der Halbfinalgegner, den der Champ vom Platz fegte? «Oje, nicht gegen den Champ!» Und was machte sein Arm? Was er wollte. Erfolg beginnt im Kopf.

Was haben wir im Kopf, wenn wir vor einer großen Herausforderung stehen? Sprüche wie: «Eine harte Nuss.» – «Ich schaffe das nicht.» – «Was, wenn das schiefgeht?» – «Das hat doch keine Aussichten.» – «Ich kriege das nicht auf die Reihe.» – «Was kann ich da schon groß ausrichten?»

Was reden wir da? Wir reden uns um Kopf und Kragen. Wir reden uns ein, dass unser Vorhaben schwierig wird. Also wird es schwierig – dafür sorgt die *Self-fulfilling Prophecy.* Wenn man sich nur oft genug vorsagt, dass es schwer wird, wird es sicher schwer – auf jeden Fall schwerer, als es ohnehin ist. Diese Sprüche werden von Gefühlen begleitet: Frust, Unsicherheit, Erfolgsdruck, Zweifel, Angst, Hilflosigkeit, Panik. Wir sind vor Angst «wie gelähmt», von «Selbstzweifeln angefressen», vom Erfolgsdruck blockiert, durch Unsicherheit gehemmt. Jedenfalls nicht beflügelt, befreit und unbefangen. Sieger denken und fühlen anders!

Warum graben wir uns mit negativen *Self-Fulfilling Prophecies* selbst ständig Gruben? Wünschen wir uns Misserfolg? Nein, wir sind es nur gewohnt, negativ zu denken. Wir wurden so erzogen. «Sei vorsichtig! Pass auf! Diese Regierung! Alles wird schlechter!» Daher ist es einfacher, risikoloser, bequemer und vor allem viel vertrauter, erst mal das Schlimmste anzunehmen. Daher sind die Deutschen auch so überversichert. Sie sind Weltmeister im Schwarzsehen. Wenn diese Verliererdenke aber nur anerzogen und antrainiert ist, dann können wir sie jetzt genauso gut wieder verlernen. Räumen wir den Stimmenmüll hinaus: Die Müllabfuhr ist da!

## 1. Horch, was kommt von draußen rein?

Die inneren Stimmen bringen Erfolg oder Misserfolg. Ganz einfach, nicht? Einfach, vielleicht, aber bestimmt nicht leicht. Denn viele Menschen hören noch nicht einmal diese inneren Stimmen, die über unseren Erfolg, unsere Gefühle und unser Leben entscheiden. Sie sagen: «Welche inneren Stimmen? Ich habe keine inneren Stimmen.» Das ist ein Problem des blinden Flecks. Viele von Ihnen werden die Übung aus dem autogenen Training kennen, bei der man sich suggeriert: «Mein Herz schlägt ganz ruuuhig.»

Doch pro AT-Kurs sagen regelmäßig drei oder vier Teilnehmer: «Herzschlag? Ich spüre keinen Herzschlag!» Übrigens lautet der Standardwitz darauf: «Kein Herzschlag? Dann sind Sie tot!»

Trotzdem ist der Herzschlag da. Man kann seine Wahrnehmung so weit schärfen, dass man ihn wieder bemerkt (indem man zum Beispiel die Finger an die Halsschlagader legt, wobei man diese auch erst einmal finden muss …).

Ähnlich ist es mit den inneren Stimmen. Man hört sie nicht immer, aber sie sind immer da. Die inneren Stimmen wirken halb bewusst oder unterbewusst. Doch vieles, was unterbewusst ist, kann man ins Bewusstsein hochholen. Es ist wie mit einem Brunnen: unten ist das Wasser. Man braucht eine Eimerleine. Die einfachste Eimerleine ist Ruhe. Wenn Sie das Radio ausmachen, die Kinder aus dem Haus schicken, das Telefon abstellen, sich in den stillsten Raum des Hauses zurückziehen, auch alle körperlichen Reize ausschalten, indem Sie sich ganz ruhig hinsetzen – dann kommen die Stimmen. Aber mit Macht. Deshalb gibt es auch Menschen, die kein autogenes Training machen können. Sobald sie sich hinlegen, bekommen sie panische Angst, die Kontrolle zu verlieren. Weil jetzt die Stimmen über sie hereinbrechen: «Hast du das Gas ausgemacht? Wo sind die Kinder? Du liegst hier rum, und nebenan wartet die Arbeit auf dich!»

Manchmal sind diese Gedanken vermischt mit Gefühlen: Hm, eigentlich sollte ich, ich müsste doch, ich darf nicht hier sein, das fühlt sich irgendwie falsch an, das darf ich mir nicht leisten, was tu ich nur hier? Na bravo! Jetzt sind die inneren Stimmen plötzlich da.

Haben Sie keine Angst. Sie sind der Skipper auf diesem Törn. Wenn Ihnen die inneren Stimmen zu laut werden, wenn die Gefühle zu unangenehm sind – stehen Sie einfach auf und machen Sie, was Sie immer machen. Das wirkt. Schließlich lenken Sie sich so täglich von den inneren Stimmen ab: machen, tun, schaffen. Wenn Sie sich etwas an den inneren Ansturm gewöhnt haben, wagen Sie den nächsten Schritt.

## 2. Hör mal, wer da spricht

Eigentlich ist das eine Frechheit. Mein Kopf gehört mir! Was haben diese Stimmen darin zu suchen? Wir wollen diesen ungebetenen Gästen auf die Finger schauen. Betrachten Sie sich die Gedanken mal genauer. Vielleicht schreiben Sie die wildesten und heftigsten oder störendsten einfach auf. Das macht das Abstrakte greifbar und begreifbar. Was genau sagen die Stimmen im Kopf? Ah, schon nimmt ihre Wirkung ab. Sobald man das Geheimnisvolle beschreibt, verliert es einen Teil des Mystischen. Woher kommen diese Stimmen? Wer spricht da eigentlich?

«Du musst noch den Bericht formatieren.» Wenn das nicht Papa ist, der da zu mir spricht …

«Häng hier nicht faul rum!» Das ist vom Tonfall her ganz klar mein Bundeswehr-Ausbilder.

«Wie kannst du ruhig dasitzen, wenn es im Büro derart wüst aussieht?» So hat Großtante Hanna immer gemäkelt.

Wir denken, wir leben unser Leben. Aber tatsächlich leben es die inneren Stimmen für uns. Wenn Ihnen zu vier von fünf Vorschlägen sofort die Gründe einfallen, weshalb das nicht funktioniert, sollten Sie misstrauisch sein. Das ist nicht gesunde Vorsicht, das riecht nach Tonband im Kopf. Wenn Sie auf jede kleine Verschlechterung bei Gesundheit, Arbeit, Konjunktur, Privatleben gleich mit «Das wird nix mehr! Das wird nimmer besser» reagieren, sollten Sie nachschauen, woher diese Einflüsterung kommt. Die Aha-Erlebnisse sind dabei oft dramatisch. Der Biergartenbesucher von oben sagte zum Beispiel: «Mama hat auf die kleinste Störung des Tagesablaufs immer total überzogen reagiert. Jetzt weiß ich, wieso mich der Regen im Biergarten so aufgeregt hat. Aber ich muss mich ja nicht aufregen, bloß weil Mama sich immer so ärgert.»

Jetzt ist auch klar, weshalb die inneren Stimmen nicht die Wahrheit sagen. Sie interessieren sich gar nicht dafür. Sie sind nur das Echo vergangener Tage. Was wir denken, ist nicht wahr, wir haben es nur so gelernt. Wir haben gelernt, dass man auf einen kleinen Regen total frustriert reagiert und machen das einfach unüberlegt nach. Weil wir es zu einer Zeit gelernt haben, als wir noch nicht logisch denken konnten. Ab sechs Monaten aufwärts. Man sagte ständig zu uns «Vorsicht! Heiß! Kalt! Das nicht! Dies nicht! Pass auf!», und wir lernten dabei: Man darf nicht zu viel riskieren. Das Leben ist gefährlich. An jeder Ecke lauert das Risiko. Chancen sind Bedrohungen. Bestimmte Aufgaben sind zu groß für mich. Hör erst auf andere. Mach nicht, was man nicht macht. Und so weiter.

Ständig hörten wir diese Einschärfungen, und durch die ständige Wiederholung haben wir sie irgendwann selbst übernommen, verinnerlicht. Wir begannen, sie selbst anzuwenden: «Radfahren lernen? Vorsicht, Gefahr.» Das hat sich bewährt, also haben wir diesen Tipp wieder und wieder angewandt – bis er sich verselbständigt hat. Wenn uns der Chef jetzt ein tolles Projekt mit Karrieregarantie vorschlägt, reagieren wir erst mal skeptisch. «Vorsicht! Gefahr!» Der Chef ist sauer. «Wenn Sie hier nur die Unke spielen, kriegt Meier das Projekt.» Wir denken noch: «Gott sei Dank, Gefahr gebannt.» Meier wird sechs Monate später befördert. Das kommt davon, wenn man Stimmen folgt, die man in seinen Kindertagen hörte.

Wenn Sie mit einer Herausforderung konfrontiert werden – was denken Sie spontan? Toll, gut, denen zeig ich's, da liefere ich ein Meisterstück ab. Oder: Oje, wird hart, geht doch gar nicht, wird wieder so eine Hängepartie. Spüren Sie diesen Stimmen nach. Woher kennen Sie den Tonfall (nicht den Wortlaut)? Wer hat ähnlich zu Ihnen gesprochen? Woran erinnert Sie dieses Gefühl bei diesen Worten? Vielleicht sagte Papa früher oft: «Lass, biste noch zu klein dafür.» Was wir uns merkten, war: «Zu klein, schaff ich noch nicht.» Und was denken wir heute, wenn ein ähnlich großes Projekt ansteht? Wir denken au-to-matisch: «Schaff ich nicht.» Mama sagte oft: «Überlass das Denken den

Pferden, die haben größere Köpfe.» Also überließen wir Mama das Denken. Doch damals waren wir noch klein! Was damals gesagt wurde, gilt heute nicht mehr! Die inneren Stimmen verlieren schlagartig an Macht, sobald Sie sich klar werden,

- woher sie kommen;
- dass sie nicht die Wahrheit sagen;
- dass es lediglich eine erlernte Reaktion ist.

Also kippen wir sie aus dem Kopf!

### 3. Machen Sie Müllabfuhr!

Wann immer Sie sich unter Druck, gestresst, unsicher oder überfordert fühlen, können Sie sicher sein, dass eine innere Stimme Ihnen einflüstert. Zweifel sind keine Tatsachen, sondern verdeckte innere Stimmen. «Wird das was?» «Wenn das mal gutgeht!» «Bei so hoher Arbeitslosigkeit haben die Leute kein Geld dafür.» «Der Chef wird sowieso dagegen sein.» Alles verlogen, nur Geflüster. Wenn wir mit dieser Einstellung an eine Sache herangehen, sinkt die Erfolgswahrscheinlichkeit automatisch. Wer so denkt, macht es sich schwerer, als es ist. Wie stoppt man das Tonband?

Das US-Rezept lautet: «Du schaffst es (Baby)!» Dieser Satz ist der am häufigsten gesprochene in Action- und Desasterfilmen. Wenn die Heldin im Verließ festsitzt, nur ein dünnes Seil nach oben führt, sie verzweifelnd die Augen verdreht und lautstark bezweifelt, ob sie da jemals hochkommmt, sagt der Held im Brustton der Überzeugung zu ihr: «Du schaffst es, Baby!» Und sie schafft es. Leider ist die Realität nicht so einfach, wie es sich Drehbuchschreiber ausdenken. Sonst müssten wir zur Lösung all unserer Probleme nur Bruce-Willis-Filme ansehen. Was passiert nämlich, wenn wir uns vor einer großen Aufgabe einreden: «Du schaffst das schon»? Es funktioniert nicht.

Wir glauben den flotten Spruch einfach nicht. Man pfeift zwar im dunklen Wald, doch innerlich zittert man weiter. Der Sprung von «Oje» zu «Schaff ich!» ist zu groß, um auch nur halbwegs glaubhaft zu sein. Es ist ein ziemlich plumper Bluff, der nur an der Oberfläche wirkt. Wir beten ihn uns laut vor, doch die leisen Zweifel wirken weiter. Wir reden uns ein: «Du schaffst das schon, du schaffst das schon», doch der Puls rast immer noch, die Atmung ist flach und die Handflächen sind nass. Der Körper entlarvt den plumpen Schwindel. Rosarot denken ist nicht positiv denken. Der innere Skeptiker ist nicht blöd. Man sollte sich nicht selbst für dumm verkaufen.

Zum inneren Skeptiker redet man am besten wie zu einem anderen Menschen. Einem Menschen, der zwar skeptisch, aber immerhin vernünftig ist. Man kann ihn nicht überreden, aber überzeugen. Zum Beispiel mit einer Referenzerfahrung. Erinnern Sie sich an eine Aufgabe in der Vergangenheit, die Sie objektiv betrachtet gut lösten? Egal welche. Sie muss nicht der aktuellen Aufgabe ähnlich sein. «Ich habe mir in drei Tagen das Snowboarden beigebracht, dann packe ich auch SAP R/3! Das tut beim Abstürzen nicht halb so weh.» Das funktioniert durchaus. Es kommt nicht darauf an, dass die Aufgaben vergleichbar sind, sondern dass ich die erste Aufgabe geschafft habe. Nicht das Ereignis, sondern die Fähigkeit zur Problemlösung zählt. Man hat's geschafft: «Ich kann's» ist die Botschaft, die uns beflügelt.

Wenn sich also der innere Skeptiker meldet, formuliert man «Ich pack das nicht» nicht um in «Ich pack das!», sondern in: «Ich kann das noch nicht. Aber ich werde es lernen». Darauf reagiert der innere Skeptiker meist überzeugt: «Okay, so kann man das sehen.» Aber das reicht noch nicht. Man muss den negativen Spruch mit einem positiven Spruch kontern, quasi mit einem Schlachtruf, der anfeuert. Wirklich erfolgreiche Menschen haben alle so einen inneren Spruch. Alle erfolgreichen Menschen denken etwas wie:

«Was ich anpacke, schaffe ich auch.»

«Da hab ich schon ganz andere Sachen gestemmt.»

«Das krieg ich auch noch hin.»

«Ich schaffe es schon irgendwie.»

Nun kann jeder x-beliebige Mensch denken: «Was ich anpacke, schaffe ich auch». Doch bei wirklich erfolgreichen Menschen bewahrheitet sich der Spruch wie durch ein Wunder immer wieder. Das ist kein Wunder, das sind die Babysteps (s. Kapitel 2). Wenn man kleine Schritte anpackt, schafft man sie auch, bestätigt sich damit den inneren Spruch und macht ihn über die Wiederholung zur Gewohnheit. Wenn die kleinen Schritte darüber hinaus an Umwelt und Situation (s. Kapitel 2) angepasst sind, der Sekundärgewinn integriert ist und die Kosten tragbar sind, bestätigt sich der Spruch immer und immer wieder. So wird Erfolg zur Gewohnheit.

Sie werden Ihren inneren Zweifler nie wirklich loswerden. *Old habits die hard.* Alte Gewohnheiten sterben langsam. Aber je öfter die Zuversicht dank guter Zielplanung bestätigt wird, desto stärker wird die neue Gewohnheit. Die alte Gewohnheit kommt aus der Mode, eine neue bildet sich. Außerdem ist es gar nicht nötig, den inneren Skeptiker völlig mundtot zu machen. Denn er ist ganz nützlich. Er sagt beispielsweise Dinge wie: «Mit dieser Toleranz läuft das Getriebe nie!» Ein guter Hinweis. Vielleicht sollte man da etwas ändern? Der innere Skeptiker kann uns in Beruf und Privatleben zu Höchstleistungen anspornen, weil er auf alle möglichen Schwachstellen hinweist. Also sollte man ihn nicht mundtot machen. Man sollte ihn nicht ignorieren, sondern integrieren. Vielleicht hat er etwas ganz Nützliches zu sagen?

Die landläufige Skeptiker-Behandlung ist also völlig falsch. Normalerweise denkt man gerne: «Hör auf, dich selbst zu verunsichern. Denk positiv!» Das funktioniert nicht, weil die Gewohnheit viel zu stark ist, als dass man sie unterdrücken könnte. Es sei denn, man wendet so viel Konzentration dafür auf, dass man für die eigentliche Aufgabe nicht mehr viel Hirnschmalz übrig hat. Außerdem beraubt man sich dadurch guter Hinweise. Der innere Skeptiker hat ja wirklich etwas zu sagen. Also sollte man ihn nicht zum Schweigen bringen, sondern lediglich dafür sorgen, dass er nicht die falschen Dinge in den Dreck zieht: unser Selbstwertgefühl und unsere Fähigkeit, Probleme zu lösen. Wenn er also wieder mal meckert: «Das funktioniert doch nicht! Das hat weder Hand noch Fuß!», kann man frustriert die Zähne zusammenbeißen. Man kann aber auch fragen: «Was stört dich denn? Was genau stinkt dir?» Dann sagt der Skeptiker vielleicht: «Dies und das ist nicht okay.» Und daran kann man ja was ändern. Wichtig ist daher, dass wir den inneren Skeptiker nicht ignorieren und niederbrüllen, sondern ihn in einen Dialog verwickeln und seine destruktive Energie in nützliche Kanäle leiten.

## Der Kritiker

Stellen Sie sich vor, Otto Rehhagel steht am Spielfeldrand und ruft rein: «Was war denn das wieder? Triffst du nicht mal diesen Kurzpass? Und diese Flanke!» Einmal davon abgesehen, dass König Ottos Tage gezählt wären – welche Konsequenz hätte diese Miesmacherei? Seine Mannschaft wäre total geknickt und würde noch mieser kicken. Kein Mensch, der klar im Kopf ist, ruft so was einem Spieler zu. Aber wir. Wir haben ständig diese Stimmen im Kopf.

Eine Projektleiterin eines Ölmultis, die ein Budget von mehreren Millionen Mark managt, sagt: «Jedes Mal, wenn ich dem Vorstand präsentiere, denke ich ‹Da ist ein Tippfehler, und diese Folie ist nicht optimal, und was rede ich denn wieder für geschwollenes Zeug!›.» Man kann sich vorstellen, wie die Dame präsentiert. Unsicher. Normalerweise ist sie schlicht brillant. Deshalb hat sie es auch so weit gebracht. Aber jedes Mal vor dem Vorstand stellt sie sich selbst ein Bein. Sie weiß: «Mit dieser Unsicherheit schaffe ich nie den großen Karrieresprung.» Die inneren Stimmen behindern uns nicht nur vor großen Aufgaben, sie sabotieren uns auch während der Aufgabe. Sie kommentieren jeden unserer Handgriffe:

«Ging voll daneben.»

«Das war ja wohl nix.»

«Heute ist nicht mein Tag.»

«Jetzt geht aber alles schief.»

«So wirst du den Kunden nie gewinnen!»

Manchmal sind es nicht die inneren Stimmen, sondern spontane Gefühle, die uns ein Bein stellen: Ärger, Frust, Druck, wenn wieder was schieflief. Wir reagieren verkrampft und abgelenkt und erhöhen damit die Wahrscheinlichkeit für den nächsten Fehler, was den nächsten Kommentar auslöst, was die Verunsicherung erhöht … Jeder innere Negativ-Kommentar erhöht die Misserfolgswahrscheinlichkeit. Es gibt mehrere Möglichkeiten, den inneren Kritiker an die Kandare zu nehmen:

### 1. Kein Kommentar

Beim Sport kann man sehr schön beobachten, wie der innere Kommentar die Leistung hemmt. Beim Abschlag am siebten Loch hört man die Stimme vom sechsten Grün: «Das darf doch nicht wahr sein. Voll vorbeigezogen! Ständig diese Abschlussschwäche. Ich kriege das einfach nicht abgestellt!» Wird es davon am nächsten Loch besser? Im Gegenteil. Wer sich selbst so verunsichert, wird immer schlechter. Wer sich selbst demotiviert, braucht keine Gegner, die ihn einschüchtern. Spitzensportler haben die Gewohnheit erworben, während des Wettkampfes den inneren O-Ton einfach abzudrehen. Er stört nur. Wie das Rauschen im Radio.

Man kann sich selbst vornehmen: «Ruhe, während die Sache läuft. Kein Kommentar. Volle Konzentration auf die Sachaufgabe.» Das erfordert lediglich etwas Disziplin. Jedes Mal, wenn sich der Kommentator melden will, schickt man ihn wieder weg: «Jetzt nicht. Nachher kannst du Manöverkritik machen.»

### 2. Die Formel

Man kann dem destruktiven Kommentar auch einen konstruktiven gegenüberstellen. Sobald etwas schiefgeht, sagt man sich:

«Vergessen – nächster Ball.»

«Abhaken – weiter.»

«Steckts weg, was kommt als Nächstes?»

Das ist die sofortige Frust-Entsorgung. Profis können das. Sie stellen dem Frust keine Energie zur Verfügung, damit er sich aufbauen kann. Sie weinen nicht einem verhauenen Schlag nach wie weiland Boris Becker, der in seinen frühen Jahren für seine Jammertiraden berühmt war. Jeder Zuschauer konnte mit ansehen, wie das Spiel nach jeder Tirade schlechter wurde. So demontiert man sich selbst. Später wurde Boris ein Meister darin, auch nach Fehlern absolut cool zu bleiben und seine Gegner durch sein Pokerface zu verunsichern. Man bejammert Fehler nicht. Man konzentriert sich auf den nächsten Ball – und haut ihn dem Gegner vor die Füße.

### 3. Die Ersatzhandlung

Cool zu bleiben, klappt nicht immer. Vor allem am Anfang nicht. Statt durch die Decke zu gehen, kann man sich deshalb eine Ersatzhandlung aussuchen. Anstatt mir jetzt Sorgen zu machen, atme ich lieber dreimal tief durch. Anstatt meine miese Stimmung zum nächsten Kunden zu tragen, laufe ich lieber einmal um den Block. Das gibt dem Frust ein Ventil.

### 4. Den Druck rausnehmen

Wer sich unter Druck fühlt, macht ihn sich meist selbst. «Oje, schon 0:1 zurück. So gewinnen wir nie!» Danach wird ein Krampf gespielt. Wer gewinnen will, muss locker bleiben. Natürlich gibt es Menschen, die sich über den großen Traum motivieren: «Meister werden!» – und wie beflügelt über den Rasen tänzeln. Wer so fühlt, soll sich das Endziel in den schönsten Farben ausmalen. Wen aber der Gedanke ans Ziel unter Druck setzt, der soll sich auf den nächsten Schritt konzentrieren. Ein Amateur-Marathonläufer sagte mal, als ihn eine begleitende Bekannte am Start mit den Worten verabschiedete «Na dann bis zum Ziel»: «Ich bin ja nicht bescheuert, jetzt schon ans Ziel zu denken. Ich muss erst mal die ersten zehn Kilometer angehen.»

*That's the spirit.* Wen das große Ziel unnötig unter Druck setzt, der konzentriert sich auf den nächsten Babystep (s. Kapitel 2).

## Der Meckerer

Stellen Sie sich vor, ein Zehnkämpfer steht an der Hochsprunganlage und daneben stehen sein Trainer und sein Masseur. Der Masseur sagt: «Ganz schön hoch. Meinst du, du kommst da rüber?» Und während der Athlet anläuft, läuft sein Trainer neben ihm her und hechelt zwischen zwei Atemstößen hervor: «Deine Schrittlänge! Unmöglich!» Wie hoch schätzen Sie die Erfolgswahrscheinlichkeit des Sprungversuches ein? Der Zehnkämpfer kann gleich die Schuhe ausziehen. Wenn er noch Erfolg hat, dann nicht wegen Trainer und Masseur, sondern trotz der beiden.

Genau so ergeht es uns, wenn der innere Skeptiker uns vor und der innere Kritiker uns während einer Aktion dreinredet. Während wir handeln, müssen wir ständig gegen diese inneren Saboteure ankämpfen. Diese Sabotage endet nicht mit der Sachaufgabe. Sie geht weiter. Wie die Fußballtrainer sagen: «Nach dem Spiel ist vor dem Spiel.» Nach einer Aktion werden die Weichen für den nächsten Erfolg gestellt. Nach einer Aufgabe wird der Motor für die nächste Aufgabe warmgefahren. Wer etwas von Selbstsabotage versteht, würgt ihn genau hier und jetzt ab. Denn jetzt ist unsere Aufmerksamkeit vom vorhergehenden Erfolg oder Misserfolg geschwächt. Leichtes Spiel für den Meckerer, uns gleich noch den nächsten Erfolg zu vermiesen. Der Meckerer setzt sieben Sabotagestrategien ein:

### 1. Die Elefantentaktik

Evi spielt Volleyball. Wenn sie dem Gegner einen Smash vor die Füße knallt und alle jubeln, winkt sie ab: «So toll war das nicht. Viel zu unplatziert geschlagen.» Sie macht aus einer Mücke einen Elefanten. Natürlich war der Ball nicht platziert. Aber er war hart, überraschend und am Block vorbeigezielt. Es war also ein 98-prozentiger Erfolg. Doch Evi sieht nur die 2 Prozent Fehler. Man könnte nun sagen: «Na und? Sie hat den Punkt doch gemacht.» Aber gleichzeitig ihre Chancen auf den nächsten Erfolg gemindert. Sie freut sich nicht. Und Freude motiviert. Wer motiviert handelt, hat bessere Erfolgschancen. Außerdem ist ein freudloses Leben nicht besonders attraktiv. Evi ist eine ewig Unzufriedene. Das ist ihr gutes Recht. Aber ihre Kosten sind hoch: kaum Lebensfreude und verringerte Erfolgsaussichten. Wer Erfolg und Spaß im Leben haben will, muss die 2-Prozent-Brille ablegen. Wenn Sie den Verdacht haben, dass Sie sich mit übertriebenem Perfektionismus das Leben schwer machen, fragen Sie sich nach jeder Aufgabe: Wie viel Prozent sind Erfolg? Wie viel Prozent Mängel? Das rückt die Dinge ins rechte Licht. So werden Erfolge auch als Erfolge erkannt. Liegt die Quote über 50 Prozent: Feiern! (s. Punkt 7).

### 2. Das Leisetreten

Rolf ist ein begnadeter Verkäufer. Doch wenn er vom Kundenbesuch kommt und ihn der Chef nach den Auftragsaussichten fragt, wiegelt er ab: «Weiß nicht, kann man jetzt noch nicht sagen.» Rolf hat eine Erfolgsquote von 80 Prozent. Sein Kollege hat 60 Prozent. Doch dieser sagt nach jedem Besuch zum Chef: «Klasse gelaufen. Der Auftrag kommt bestimmt.» Der Kollege wird zum Regionalleiter befördert – obwohl er objektiv weniger Erfolg hat. Er kann sich lediglich besser verkaufen. Wer sein Licht unter den Scheffel stellt, den bestraft das Leben. Rolf braucht einen guten Freund, der ihm sagt: «Du hast eine der besten Gesprächsführungen, die ich kenne. Du behandelst deine Kunden wie Könige – und du versteckst dich damit! Du hast ein Rad ab! Tue Gutes und rede darüber, verflixt noch eins!» In Ermangelung eines guten Freundes kann sich das Rolf auch selber sagen. Manchmal hören wir auf unsere positiven inneren Stimmen. Rolf muss ja nicht behaupten: «Der Auftrag kommt bestimmt!» Denn das kann er nicht wissen. Aber er kann seinem Chef sagen: «Es lief tadellos. Der Vertrag liegt beim Kunden. Ich habe ein gutes Gefühl.» Der Chef strahlt. Er liebt Menschen mit guten Nachrichten. Und Rolf fühlt sich wohler. Er hat dem Chef gezeigt, dass er Leistung bringt.

### 3. Das Entschuldigen

Es gibt Menschen, die entschuldigen sich für Erfolge: «Ach was, das ist doch mein Job. Das war doch nichts Besonderes. Und Glück war auch dabei.» Sympathische Bescheidenheit? Nein, Erfolgsverweigerung. Wie kann man ein emotional erfülltes oder zumindest zufriedenes Leben führen, wenn man so an der Belohnung vorübergeht, die einem zusteht? Wie soll man sich für die nächste Aufgabe aufbauen, wenn man das beste Aufbaumaterial wegwirft? Wer sich selbst anerkennt, stärkt sein Selbstbewusstsein, seine Motivation und damit seine Erfolgsaussichten. Bescheidenheit ist eine Zier, doch Erfolg hat man ohne ihr. Dann wiederum lobt derselbe Mensch, der sich heute für einen Bombenerfolg entschuldigt, morgen einen Kollegen für ein kleines Erfölgchen. Hier hilft nur eines: Lobe deinen Nächsten wie dich selbst. Wenn Sie Ihren Nächsten loben, dann loben Sie sich selbst im selben Maße zu denselben Anlässen. Das wirkt Wunder für Ihr Selbstvertrauen, Ihr Ansehen bei anderen und Ihre künftigen Erfolgsaussichten. Wer sich für einen Erfolg entschuldigt, bettelt um Misserfolg und ein verkümmertes Selbstwertgefühl. Es ist Ihre Pflicht als selbständiges Individuum, Ihre Erfolge angemessen anzuerkennen. Alles andere ist Selbstsabotage. Zu einer gesunden Einschätzung seiner selbst gehört auch die Anerkennung von Leistung.

### 4. Schwarzsehen ist das Motivationsproblem

Ein kleiner Fehler, und schon heißt es: «Das wird nichts mehr.» Ein versiebtes Vorstellungsgespräch: «Bin eben nicht zum Manager geeignet.» Ein Ischiasanfall: «Ja, das Alter. Besser wird das nimmer.» Wir glauben das tatsächlich. Und es betrübt uns. Dabei ist es der größte Unsinn. Schuld daran ist eine Fehlschaltung im Gehirn. Normalerweise ist die Generalisierung Voraussetzung für Intelligenz: «Autsch, diese Herdplatte ist heiß, also sollte ich mit allen Herdplatten vorsichtig sein.» Wer diese Generalisierung nicht schafft, bringt es nicht weit im Leben. Leider führt die Generalisierung auf der anderen Seite zu ungewollten Kurzschlüssen: «Die Präsentation ging daneben. Ich bin eben nicht zum Projektleiter geeignet.» Wegen einer einzigen versiebten Präsentation?

Edison, der Erfinder der Glühbirne, hatte mehrere hundert Fehlversuche, bevor ihm ein Licht aufging. Hätte er generalisiert, säßen wir alle im Dunkeln. Leider generalisieren wir immer. Die Software im Kopf ist so geschrieben. Wir haben die unerfreuliche Tendenz, das einmal Erlebte (unzulässig/zulässig) zu verallgemeinern. Nach dem Beziehungs-GAU: «Alle Frauen verlassen mich.» – «Alle Männer sind Schweine.» – «Alle wollen nur das eine.» Oder: «Als Frau bringt man es hier nicht weit.» – bloß weil der Chef sie ein einziges Mal getadelt hat.

Vor allem beim Erlernen von Neuem ist das der mentale Genickbruch. Viele Bankangestellte, die im Zuge der Kundenorientierung sich von der Beamtendenke zur Servicehaltung verändern müssen, erleben ein versiebtes Schaltergespräch und sagen dann: «Wusste ich's doch. Ich bin Bänker, kein Verkäufer.» Hilft diese schwarzmalende Fehlfolgerung, den Job zu behalten? Die Schwarzseherei ist so gefährlich, weil sie nicht nur diese eine Aufgabe sabotiert. Sie sabotiert alle anderen nachfolgenden. Wer schwarzsieht, hört auf, es zu versuchen, «weil frau es hier sowieso nicht weit bringt». So wird aus einem aktiven Menschen ein resignierter, frustrierter, machtloser Mensch. Dabei ist der Ausweg ganz einfach (einfach, aber nicht leicht).

Man braucht einen guten Freund – man kann sich auch selbst der beste Freund sein – der einem sagt: «Spinnste? Das war ein einziger kleiner Fehlversuch. Deshalb wirft man doch nicht die Flinte ins Korn. Auf zum nächsten Versuch.» Bei einem Tennisclub auf der Schwäbischen Alb arbeitet ein uralter Tennistrainer. Jedes Mal, wenn ein Spieler ihm sagt: «Das pack ich nicht. Der Schlag ist zu schwer für mich», entgegnet er: «Versuch es fünfzigmal. Erst wenn es kein einziges Mal klappt, kannst du sagen, es klappt nicht.» Der Seniortrainer sagt: «Ich warte seit vierzig Jahren darauf, dass einer danach immer noch behauptet, es funktioniere nicht.»

Schwarzsehen ist eine Gewohnheit. Man kann sich das abgewöhnen. In Amerika lebt ein Mann, der mit zwei zu Stummeln verkürzten

Armen zur Welt kam. Sein größter Traum war, einmal gegen die Nummer 1 der Tennisweltrangliste zu spielen. Die Zahl der Leute, die sich an die Stirn tippten, als sie das hörten, nahm im Laufe seines Lebens astronomische Ausmaße an. Inzwischen hat er von Lendl bis zu Sampras gegen die meisten Top-Ten-Spieler gespielt. Er sagt: «Es war mir egal, wie viele Leute mir sagten, es sei unmöglich. Ich hielt es für möglich, weil ich es für möglich halten wollte.» Sein Vater übrigens ist ähnlich erfolgsorientiert. Als der Sohn ihm mit sechs Jahren klagte, dass er mit seinen verkrüppelten Armen sich im Leben behindert fühle, sagte der Vater: «Sohn, deine einzige Behinderung sind die zehn Zentimeter zwischen deinen Ohren.» Natürlich ist es einfacher, leichter und weniger riskant, sich in sein Schneckenhaus zu verkriechen und zu resignieren. Außerdem wird man dafür auch noch belohnt: «Och, der Arme.» Aber es bringt einen nicht weiter.

### 5. Miese Stimmung mitschleppen

Wer kennt das nicht? Ein einziger Misserfolg kann einem den ganzen Tag verderben. Kunde A regt mich auf, also klopfe ich bei Kunde B mit mieser Stimmung an – auch Kunde B «zickt» (deshalb). Ich gehe noch saurer zu Kunde C – und so weiter. Mein Chef nervt mich, also bin ich nach Feierabend zum Partner patzig. Der Partner patzt zurück, also meckere ich morgen meine Kollegen an … Das hat nichts damit zu tun, dass heute nicht mein Tag ist. Das ist Selbstsabotage. Wir stellen uns selbst ein Bein, weil wir nicht abschalten können. Abschalten will gelernt sein. Es hilft nichts, einem Misserfolg oder einem bösen Erlebnis hinterherzujammern – vom Sekundärgewinn Mitleid einmal abgesehen. Doch das bringt uns nicht weiter. Was uns weiterbringt:

a) Wir gestehen uns frank und frei ein: Satz mit X – war wohl nix.
b) Was lief trotz allem dabei gut? Es gibt keine hundertprozentigen Desaster. Irgendetwas lief immer gut.
c) Was lief falsch?
d) Warum?
e) Was werde ich deshalb das nächste Mal besser/anders machen?

Die Punkte B und E sind das Einzige, was ich aus einem Desaster mitnehmen darf, wenn ich weiterkommen will: die Lernerfahrung.

Es heißt immer: Aus Fehlern wird man klug. Doch die meisten Menschen lernen nichts aus ihren Fehlern. Sie bejammern sie. Wer jammert, lernt nichts. Auch wer sich vornimmt: «Das mache ich nie wieder!», lernt nichts. Wenn ich weiß, dass eine saftige Standpauke meine Mitarbeiter nicht davon abhält, die Kunden zu vergraulen und mir vornehme: «Ich standpauke nie wieder!» – was habe ich da gewonnen? Ich weiß noch immer nicht, was ich nun zum Kuckuck tun soll. Außerdem erinnere ich mich ständig an das Standpauken-Desaster und belaste mich dadurch emotional. Ich schleppe das Desaster ständig mit mir herum. Also: Ballast abwerfen. Die einzigen zwei Dinge, die Sie aus einem Misserfolg mitnehmen dürfen sind:

- Was war gut? (Das motiviert und steigert das Selbstvertrauen.)
- Was mache ich nächstes Mal anders? (Das steigert die Erfolgsaussichten.)

### 6. Die anderen sind schuld!

Sowieso. Und immer. Leider stimmt das nicht: *It takes two to tango* – zu einem Problem gehören immer (mindestens) zwei. Doch wer die Schuld auf andere schiebt, erntet satten Sekundärgewinn (s. Kapitel 2): Mein Selbstwertgefühl bleibt intakt und ich bin willkommen im Club der Jammerer: «Diese doofen Kunden! Die sind doch selbst schuld an den Maschinenausfällen, weil sie sie nicht bedienen können!» Alle anderen sind's gewesen, und ich hab wieder nichts dazugelernt. Denn mit dieser Einstellung mache ich mir Punkt E von eben futsch: Ich kriege nie heraus, was ich, ich persönlich, das nächste Mal anders machen muss. Ich bin auf Gedeih und Verderb dem doofen Kunden ausgeliefert und der Hoffnung, dass dieser es irgendwann kapiert. So macht man sich selbst zum hilflosen Opfer seines Schicksals.

Auch hier hilft die Technik des guten Freundes. Irgendwer, notfalls wir selbst, muss uns sagen: «Na hör mal. Die Kunden sind schon ein bisschen begriffsstutzig. Aber muss die Gebrauchsanweisung so kompliziert sein?» Wenn wir ehrlich sind – meist morgens zwischen zwei und vier Uhr im Bett – wissen wir das auch. Im Grunde wissen wir, was unser Problemanteil ist. Wir müssen ihn nur an die Oberfläche holen. Und zwar so, dass unser Selbstwertgefühl gesichert ist. Also nicht: «Du Idiot! Schreib endlich die Gebrauchsanweisung um!» Man kann auch höflich zu sich selbst sein. Wer dann noch aus seinem Problemanteil ein smartes Ziel (s. Kapitel 2) formuliert und den Zielrahmen (von Situationspassung bis Kosten, s. Kapitel 2) absteckt, hat beinahe schon eine Erfolgsgarantie in der Tasche.

### 7. Erfolge nicht feiern

Alle vorhergehenden Meckerstrategien gehören zu einer überragenden Metastrategie: Erfolge nicht feiern. Wer heute einen Erfolg nicht feiert, behindert morgen seinen nächsten. Wer heute diesen einen Erfolg nicht feiert – aus Gründen 1 bis 6 oder anderen – sabotiert alle künftigen Erfolge. Weil er den Erfolg nicht nutzt, seine Motivation, sein Selbstwertgefühl und sein Problemlöse-Know-how zu steigern. Wer feiert, ist motiviert. Und wer motiviert ist, hat bessere Erfolgschancen. Betrügen Sie sich nicht selbst um die wohlverdienten Lorbeeren. Gehen Sie an der Belohnung, die Ihnen zusteht, nicht vorbei. Das klingt so simpel und selbstverständlich. Warum nur fällt es uns so schwer?

Die Miesmacherei ist ein Kulturphänomen. Wir Westeuropäer halten Höchstleistung für selbstverständlich. Schließlich leben wir in einer Leistungsgesellschaft. Also muss man Leistung nicht anerkennen. Und da fragen sich die Leute, weshalb kein «Ruck durch die Nation» geht, wie Roman Herzog das fordert. So lange Leistung nicht angemessen belohnt wird … Wer tatsächlich seine Erfolge feiert, wird schief angeschaut. Daher feiern wir nicht. Wir möchten nicht anecken. Wir möchten nicht auf den Sekundärgewinn der sozialen Achtung verzichten. Und verzichten gleichzeitig damit auf Selbstvertrauen, Motivation und Erfolg. Aber was soll man machen? Zum Lachen in den Keller gehn? Nein, sondern:

- Machen Sie sich bewusst: Was läuft hier eigentlich? Sind die alle bescheuert? Erfolge zu feiern, ist doch das Menschlichste von der Welt. Feiern heißt, sich selbst für Erfolg zu belohnen: Kino, schön Einkaufen gehen, Füße hochlegen, Oper, Entspannungsspaziergang – jeder hat seine eigene Belohnung. Belohnen heißt: sich etwas Gutes tun, was immer das sein mag.
- Stehen Sie über dieser dämlichen gesellschaftlichen Norm. Dass Frauen nicht wählen dürfen, war auch mal eine Sozialnorm. Warten Sie nicht, bis die Gesellschaft schlau wird. Schaffen Sie die Norm für sich schon jetzt ab. Feiern Sie trotzdem. Das sind Sie sich schuldig.
- Zwingen Sie sich in der ersten Zeit förmlich, zu feiern. Denn die Gewohnheit *Don't celebrate!* lässt das Feiern zuerst als bescheuert und falsch erscheinen (siehe oben). Aber das ist nur eine Gewohnheit! Halten Sie ein halbes Dutzend Mal durch. Dann fällt es immer leichter, macht immer mehr Spass und Sie merken, wie Ihnen das guttut und Sie beflügelt.
- Suchen Sie Ihre Erfolge wenn nötig mit der Lupe. Sie sind da. Sie übersehen sie nur, weil die alte Gewohnheit noch wirkt, nur das Negative zu sehen und den Erfolg zu ignorieren.
- Feiern Sie nicht demonstrativ vor den größten Miesmachern in Ihrer Umgebung. Suchen Sie sich zum Feiern die passende Gesellschaft – Leute, die wie Sie erfahren haben, dass man umso erfolgreicher und zufriedener ist, je gewissenhafter und disziplinierter man errungene Erfolge feiert. Es gibt beeindruckende Vorbilder. Eines davon betrachten wir jetzt.

Der Projektleiter eines Anlagenbauers verteilt bei Erreichen eines Meilensteins Zigarren und Cognac an sein Projektteam. Dann wird eine akademische Viertelstunde gepafft und geschlürft. Als irgendwann ein Bereichsleiter in die Siegesrunde platzt und über die Zeitverschwendung mosert, entgegnet ihm der Projektleiter: «Wenn Sie wollen, dass wir weiter erfolgreich sind, gönnen Sie uns den kleinen Triumph. Wenn

Sie das nicht wollen, sagen Sie es, dann mache ich sofort meine Zigarre aus.» Der Bereichsleiter meckert noch ein bisschen herum, aber traute sich nicht, die Feier zu verbieten. Woher nimmt der Projektleiter den Mut, dem hohen Tier die Stirn zu bieten? Er hat ein bombenfestes Selbstvertrauen. Weil er seine Erfolge feiert, wann immer er welche erreicht. Über die Jahre baut das auf wie sonst nichts. Er wartet nicht, dass ihm der Chef den Kopf tätschelt (brav, Bello, brav). Er hat erfahren: Keine Anerkennung der Welt kann das in uns bewirken, was wir selbst für uns tun. Alle Anerkennung der Welt nutzt nichts, wenn wir sie nicht ganz tief drin akzeptieren. Und wenn wir uns selbst eingestehen, dass wir gut sind, brauchen wir keine Anerkennung von außen. Denn meist können nur wir selbst wirklich beurteilen, wie groß unser Erfolg ist, weil nur wir selbst am besten wissen, was wir dafür an Mühe, Schweiß, Überwindung und Zeit investiert haben.

## Für hartnäckige Fälle

Wie kommen Sie voran? Sie haben aus den Negativstimmen im Kopf inzwischen einen Positivchor gemacht? Lauter konstruktive Stimmen, die Sie auf- und ermuntern, motivieren, stärken, auffangen, aufrichten und anerkennen?

Sie haben eine Stimme gefunden und etabliert, die Sie vor Aufgaben aufbaut, motiviert und positiv einstimmt, damit Sie Kraft, Elan und Kreativität genug haben, die Aufgabe nicht nur gut, sondern auch mit einem guten Gefühl zu stemmen. Eine Stimme, die Sie während einer Aufgabe begleitet wie ein guter Coach, wie der beste Freund oder die beste Freundin, der oder die sagt: «Hey, du machst das gut. Das haut doch hin. Schau doch mal, was du schon alles erreicht hast. Und das andere schaffst du auch noch!» Und eine Stimme, die hinterher sagt: «Gut gemacht. Vielleicht hat nicht alles geklappt, man kann ja auch nicht alles reißen – aber das, was du hinbekommen hat, hast du wirklich gut gemacht. Du hast dein Bestes gegeben. Sei stolz drauf! Du hast es dir verdient. Weiter so!»

Wie fühlen Sie sich? Seltsam, nicht wahr? Allein beim Lesen dieser Zeilen spüren wir eine emotionale Wirkung. Die einen schwach, die anderen spüren sie stark. Es kribbelt, es wird warm, wir fühlen uns gut und spüren unseren Mut wachsen. Dabei haben Sie gerade bloß ein paar Worte gelesen.

Doch auch Lesen kreiert eine Stimme im Kopf, die wirkt. Worte wirken. Es ist tatsächlich so einfach: Wenn wir gut zu uns sind, gut mit und zu uns reden, dann geht es uns auch gut und wir schöpfen Mut, Kraft und Vertrauen. Sie kennen das Gefühl? Weil Sie inzwischen einen anerkennenden, konstruktiven und fördernden inneren Dialog eingerichtet haben? Was machen Sie dann noch hier? Springen Sie schnell ins nächste Kapitel!

Sie sind noch hier? Weil Ihr innerer Monstermonolog noch immer Ihre Wünsche, Träume und Ziele blockiert? Dann stecken Sie schnell Ihre Selbstvorwürfe weg und freuen Sie sich. Denn Sie haben eine Ihrer größten intellektuellen Stärken entdeckt. Stahl ist stark. Stärker aber ist offensichtlich Ihr Geist. Genauer: Die Verknüpfungen, die Ihr Geist eingeht. Die binden stärker als Stahlseile.

Nehmen wir zum Beispiel Susanne, die verzweifelt abnehmen und Heiko, der seit Monaten wieder mit Jogging anfangen will und die Kurve einfach nicht kriegt. Beide haben längst einen positiven inneren Dialog etabliert, reden sich seit Wochen gut zu. So, wie sie es in diesem Kapitel gelernt haben. Sie sagen sich immer wieder: «Komm, das packst du doch. Ist doch nicht so schwer.» Trotzdem kommen sie ihrem Ziel nicht wirklich näher. Susanne wiegt immer noch acht Kilo zu viel, Heikos Laufschuhe setzen langsam Staub an. Das kennen Sie auch? Mit welchen Zielen geht es Ihnen so?

Das ist zum Haareausraufen: Wir wollen etwas wirklich ganz arg – doch wir erreichen es einfach nicht. So viel zum Sprichwort: «Man muss es nur wollen, dann kriegt man es auch.» Ein Mythos. Ein Irrtum. Denn oft erreichen wir gerade das nicht, was wir mit aller Kraft wollen. Der Wille ist ein machtloser Zwerg, wenn er von einer versteckten Verknüpfung blockiert wird. Wer weiterkommen will, muss erst diese Verknüpfung aufspüren.

Als wir Susanne im Coaching fragen, was sie denn trotz positiven inneren Dialogs immer noch daran hindert abzunehmen, sagt sie nach einigem Nachdenken und Nachforschen: «Ich möchte wirklich, wirklich gerne abnehmen. Und ich weiß auch, dass ich es schaffen kann. Ich weiß, dass Obst und Gemüse gesund sind und mir helfen, abzunehmen. Aber das viele gesunde Zeug schmeckt mir halt nicht!» Auch Heiko kommt nach fünf Minuten intensiven Nachdenkens seiner Blockade auf die Schliche: «Ich weiß genau, dass ich dringend etwas für meine Koronargesundheit tun muss. Aber stundenlang solo durch den Wald zu traben – da kriege ich ja die Krätze!»

Es ist, als ob im Gehirn von Susanne und Heiko zwei Dinge felsenfest miteinander verknüpft sind: «Was schlank macht, schmeckt mir nicht!» Und: «Laufen macht keinen Spaß!» Diese Verknüpfungen sind so stark, dass Susanne und Heiko automatisch das Negative denken, sobald sie an ihr Ziel denken. So stark, dass alle inneren (und äußeren!) Positivstimmen daran abprallen. Denkt Susanne ans Abnehmen, denkt sie automatisch auch an fades Essen: Igitt! Denkt Heiko ans Joggen, denkt er automatisch auch an sture Quälerei. Puh! Weil beide Assoziationen ganz tief in ihrem Inneren verankert sind. Der Misserfolg ist damit für beide auch gleich mitverankert.

Wie steht es mit Ihnen? Was wünschen Sie sich, das Sie einfach nicht erreichen können? Was ist Ihr Wunsch, Ihr Ziel? Eigentlich doch ein ganz vernünftiges, schönes Ziel, nicht wahr? Und Sie könnten es erreichen, wenn Sie nur wollten! Was steht unterbewusst zwischen Ihnen und Ihrem Ziel? Wie fühlen Sie sich, wenn Sie an Ihr Ziel denken? Möglicherweise: ambivalent, gespalten. Sie wollen schon gerne, aber … Und an diesem «Aber» hängen Sie fest. Solange auch nur der Hauch eines Abers beim Gedanken an Ihr Ziel hochkommt, können Sie das Ziel nicht erreichen. Das ist das Problem. Und zugleich die Lösung: Dieses «Aber» ist der beste Wegweiser über das Hindernis hinweg, das Ihnen noch im Weg steht.

Die meisten Menschen ignorieren dieses Aber-Gefühl. Sie versuchen, es durch Disziplin und eisernen Willen zu überwinden: «Reiß dich halt zusammen und iss täglich deine fünf Portionen Obst und Gemüse! Stell dich nicht so an!», sagt sich Susanne. Doch wie lange kann ein Mensch sich «zusammenreißen», sich also innerlich Gewalt antun? Nie lange genug, wie wir alle leider schon erfahren haben. Ganz schnell erlahmt nämlich unsere Disziplin, und das schlechte Gewissen erwacht. Das kommt davon, wenn man gegen die eigenen Gefühle arbeitet. Tun Sie es nicht. Hören Sie auf Ihr ungutes Gefühl.

Das Gefühl sagt Ihnen: «Da gibt es irgendwo noch eine Verknüpfung, die dich behindert!» Wie lösen Sie die Verknüpfung?

## Den inneren Knoten lösen

Susanne nimmt nicht ab, obwohl sie es so sehr will, weil ihr «das gesunde Zeug nicht schmeckt». Im Coaching fragen wir sie (dazu braucht man nicht unbedingt einen Coach, Sie können sich das auch selber fragen): «Haben Sie nie gerne Obst und Gemüse gegessen? Noch nie? Und kein einziges Obst?» Susanne überlegt lange – was man muss. Denn die guten Dinge fallen einem selten auf Anhieb ein, wenn sie bislang unter der Verknüpfung vergraben waren. Schließlich sagt sie: «Doch. Wenn die Nachbarin mir einen Apfel schenkte – das war für mich als Kind damals das Größte. Die waren so süß! Und so frisch! Aber das war damals!» Macht nichts. «Damals» gibt es nicht wirklich für unser Gehirn.

Wir wissen zwar, dass ein Vorfall «damals» war. Aber wenn wir jetzt daran denken, fühlt sich das Damals so an wie das Jetzt. Im Kopf gibt es keine Vergangenheit und keine Zukunft, sondern nur Gegenwart. Alles, was Sie sich jetzt, in diesem Augenblick vorstellen, hält Ihr Verstand und damit Ihr Körper für jetzig, gegenwärtig, existent, real, echt, wirklich, wirksam, heilsam. Auf dieser gesegneten Zeitlosigkeit unseres Verstandes beruht übrigens die phänomenale Wirkung des Placeboeffekts: Wenn ich mir jetzt vorstelle, dass die geschluckte Pille sofort ins

Blut geht und die klopfenden Bauarbeiter in meinem Kopf wegspült, dann passiert genau das – auch wenn ich nur Traubenzucker geschluckt habe. Was für ein mächtiges Instrument unsere Vorstellung doch ist – das mächtigste Instrument des Veränderns, Lösens und Heilens überhaupt. Aber verraten Sie das niemandem …

Also bitten wir Susanne im Coaching, sich den Augenblick von damals noch einmal vorzustellen. Aber richtig. Mit allem Drum und Dran (das ist das Entscheidende für erfolgreiche Visualisierungen): Das freundliche Gesicht der lieben Nachbarin, wie sie der kleinen Susanne den pausbäckigen Apfel über den Gartenzaun hinweg reicht, ihr aufmunterndes Lächeln dabei, den leuchtend roten Apfel, seinen frischen, sanften Geruch, das runde, glatte Gefühl in der Hand, das laute Knacken beim Hineinbeißen, das saftige Aufspritzen beim ersten Biss, den über die Lippen rinnenden Saft, den ersten Geschmack der Süße im Mund, wie der Saft in den Rachen rinnt, die Backen wohlig vollgestopft, die Zähne lustvoll mahlend – wir kommen leider nicht weiter.

Susanne schaut etwas verdattert drein und sagt, sich die Lippen leckend: «Äh, jetzt hätte ich Lust auf etwas Obst.» Wie das? Sie mag doch angeblich kein Obst. Wie sich herausstellt, war das ein Irrtum. Sie dachte lediglich, sie mag kein Obst. Ihr Verstand hat eine Fata Morgana produziert. Er gaukelte ihr vor, dass sie kein Obst mag (aus welchen ehemals sinnvollen Gründen auch immer, wir sind hier nicht in der Psychoanalyse). Er hatte sozusagen versehentlich «Obst» mit «Mag ich nicht» verknüpft.

Solche unterbewussten Verknüpfungen halten uns von unseren Zielen ab. «Mir schmeckt Obst nicht!» Doch diese Verknüpfung, die Sie vom Erfolg abhält, ist nicht die Wahrheit! Sie ist lediglich eine Seite Ihrer Wirklichkeit. Drehen Sie die Münze Ihres Lebens um! Auf der anderen Seite finden Sie nämlich das genaue Gegenteil! Sie mögen kein Obst? Sie finden sicher den Beweis des Gegenteils in Ihrem Gedächtnis oder Ihrer Vorstellung. Ihre Verknüpfung lautet: Joggen = Quälerei? So ging es auch Heiko. Mit ihm treffen wir uns gleich am Waldrand. Lustlos tritt er von einem joggingbeschuhten Fuß auf den anderen: «Macht echt keinen Spaß. Schon die Vorstellung, jetzt kilometerweit allein durch den Wald zu traben – da schlafen mir ja die Füße dabei ein!»

Wir deuten auf die Laufgruppe, die keine hundert Meter von uns entfernt ihren Warm-up absolviert: «Solo zu laufen ist das Problem? Wie wäre es in der Gruppe? Die sind alle ungefähr in Ihrem Alter. Und bei einer so großen Gruppe gibt es sicher welche auf Ihrem Temponiveau. Einen Versuch ist es zumindest wert.»

Sie finden das jetzt doch ein wenig trivial? Genau unsere Meinung: Die Verknüpfungen in unserem Kopf wirken zwar wie Stahlseile. Doch sie sind eine Illusion. Illusionen sind immer trivial. Sie wirken nur so stark, weil wir sie nie hinterfragt haben. Sobald wir sie hinterfragen, geht es uns wie Heiko, der etwas verdattert guckte und sagte: «Mensch, dass ich erst jetzt darauf komme! Aber ich habe bislang immer ganz automatisch beim Laufen daran gedacht, dass ich allein laufen muss. Ich kam gar nicht auf den Gedanken, dass es auch anders geht!» So ist das mit den Verknüpfungen: stark, aber meist trivial und daher überwindbar.

Sie wollen etwas wirklich, erreichen es aber nicht? Spüren Sie in sich hinein. Spüren Sie nach der inneren Blockade, der blockierenden Verknüpfung. Formulieren Sie sie: «Ich mag kein Obst.» – «Laufen ist langweilig.»

Und dann fragen Sie sich: Stimmt das wirklich? Wo in meinem Leben war es schon mal ganz anders, als meine unbewusste Verknüpfung mir suggerieren möchte? Finden Sie diesen Gegenbeweis und versetzen Sie sich in ihn hinein. So tief, wie Sie es eben bei Susanne erlebt haben. Mit allen Sinnen: Was hören, sehen, riechen, fühlen, spüren Sie in diesem Augenblick der Wahrheit, dem Moment des Gegenbeweises? Je intensiver Sie sich einspüren, desto schneller und stärker lösen Sie die alte, hinderliche Verknüpfung auf. Manchmal geht das in einer Sekunde, manchmal dauert das Tage. Doch am Ende werden Sie die Verknüpfung lösen können wie verknotete Schnürsenkel. Die haben Sie bislang ja auch immer aufgekriegt. Es sei denn, Ihre Schnürsenkel sind Ihnen piepegal …

## Wem es egal ist

Wovon werden Susanne wie auch Heiko aufgehalten? Von einer unbewusst verknüpften Abneigung. Sie wollen etwas erreichen, hegen aber eine unbewusste Abneigung dagegen. Manche Menschen wären über so eine Abneigung froh. «Das wäre wenigstens was Konkretes», sagt Manuela. Auch sie möchte abnehmen, eine bessere Figur bekommen, fitter werden, aber: «Obst? Gemüse? Tja, och, pff. Und Sport? Das ist nix für mich. Sport ist was für andere.» Sie empfindet keine Abneigung gegen Obst, Gemüse und Sport. Ihr sind die drei schlicht egal. Ihr bringt das nichts. Sie findet keinen Gefallen daran.

So viele Millionen Menschen würden gerne Sport treiben, gesünder leben oder sich mehr um Partner und Familie kümmern. Aber: Das gibt ihnen nichts, macht keinen Spaß. Etwas aufgeben, was Spaß macht, und dafür etwas anfangen, was keinen Spaß macht? Macht keinen Sinn. So denken viele. Was sie dabei übersehen: Kinder mögen weder Weißbier noch Rotwein, weder Kaviar noch Hummer. Alle Kinder der Welt sagen: «Rotwein ist nichts für mich.» Warum trinken dann so viele Menschen trotzdem Rotwein? Weil sie irgendwann keine Kinder mehr waren. Weil sie dazulernten. Schuhe binden, Integralrechnen, Golf spielen – und Wein schätzen. Unser Geschmack und unsere Vorlieben sind nämlich größtenteils nicht angeboren, sondern erlernt.

Wenn Ihnen also Sport oder gesundes Essen oder was sonst auch bislang nichts gibt, dann liegt es nicht daran, dass es Ihnen nicht «schmeckt», sondern dass Sie sich bislang noch nicht ausreichend Gelegenheit gaben, es schätzen zu lernen. Wie lernt man etwas schätzen? Richtig geraten: Indem man es mit etwas Positivem verknüpft, denn immerhin sind wir gerade beim Verknüpfen.

Manuela zum Beispiel geht zum ersten Mal in ihrem Leben zum Nordic Walking, kann hinterher kaum mehr die Arme bewegen, aber belohnt sich danach mit einem heiß geliebten, kalorienarmen Joghurt-Frucht-Shake von der Saftbar – und freut sich bereits auf die nächste Walkingstunde. Verknüpfung gelungen. Das Rezept lautet: Probieren

Sie es einfach mal aus, belohnen Sie sich mit etwas dafür, und wiederholen (verstärken) Sie diese Verknüpfung so lange, bis es Ihnen gefällt, bis Sie einen Geschmack dafür entwickelt, Gefallen daran gefunden habe. Man kann nach allem süchtig werden. Man kann lernen, an allem Spaß zu haben. Kaffeeröster wissen das.

Immer, wenn man Menschen zu einem Geschmackstest bittet, zwanzig Kaffees zur Auswahl stellt und nach dem Besten fragt, kommt nämlich dasselbe heraus: Unsinn. Menschen finden nicht den besten Kaffee am besten, sondern jenen Kaffee, der ihrem eigenen geschmacklich am nächsten kommt. Und wenn es der billigste und bitterste Kaffee der Welt ist. Vorlieben sind eben zum größten Teil gelernt. Wenn ein neuer Kollege ins Büro kommt und seine Kaffeemaschine mitbringt, dann finden wir zuerst einmal seinen Kaffee ungenießbar. Wer aber irgendwie gezwungen ist, diesen Kaffee einige Tage zu trinken, gewöhnt sich schnell daran und findet ihn danach ganz prima. Wir können lernen, so ziemlich alles toll zu finden und Glückshormone dabei auszuschütten. Wir können so ziemlich alles mit so ziemlich allem verknüpfen. Wenn wir wissen, wie die Technik dafür funktioniert.

## Bewusst verknüpfen

Zeigen Sie uns einen Menschen, der seine heiß ersehnten Ziele nicht erreicht, und wir zeigen Ihnen einen Menschen, der von einer unbewussten Verknüpfung im Hinterkopf ausgebremst wird. Abnehmen = schmeckt nicht. Jogging = langweilig. Lassen Sie sich nicht länger von diesen unbewussten Verknüpfungen bremsen! Machen Sie sich die Bremsblöcke bewusst. Und dann verknüpfen Sie ganz bewusst. Abnehmen = schmeckt so toll wie damals! Jogging = Spaß in der Gruppe!

Unser Gehirn verknüpft sowieso jeden Tag tausendfach, unbewusst. Dann können wir einige Verknüpfungen auch ganz bewusst knüpfen. Und danach ändert sich alles?

Nein. Denn als Heiko nach seinem ersten Erfolgserlebnis beim Jogging wieder zu Hause ist, geduscht, drüber geschlafen hat und zwei Tage später wieder zu den Laufschuhen greifen will, merkt er, wie sofort wieder seine alte Assoziation wie Brechreiz hochkommt: «Jogging? Langweilig!» Heiko kann es nicht fassen: «Was ist los mit mir? Bin ich schwer von Begriff? Warum kapiere ich das einfach nicht? Stimmt etwas mit mir nicht?»

Nein, alles in Ordnung. Und wenn er sich Vorwürfe macht, weil er «undiszipliniert» ist, tut er das ganz zu Unrecht: Jede Verknüpfung legt sozusagen einen Pfad im Gehirn an. Diese Neuronen- und Synapsenbahnen im Gehirn lassen sich tatsächlich mit einem MRT-Bild abbilden: Die Leuchtspur unserer Gedanken. Denkt Heiko «Jogging», dann leuchtet auf dem MRT-Bild die Hirnbahn auf, die zu «langweilig» führt. Und jedes Mal, wenn Heiko diese Verknüpfung aktiviert, wird die Bahn ein wenig breiter. Da Heiko seit zwanzig Jahren so denkt, ist es eine richtige Autobahn geworden. Das erklärt, warum unbewusste Blockaden so mächtig sind. Es ist die Macht der Gewohnheit. Buchstäblich eingebrannt in unser Gehirn. Ein Brandzeichen der Blockade. Eine Autobahn des Grauens. Eine Umleitung zu dieser Autobahn löst zwar die Blockade. Doch Straßenbau kostet Zeit. Eine Umleitung schafft Heiko nicht allein dadurch, dass er ein einziges Mal «Jogging = Spaß!» verknüpft.

Soll eine Verknüpfung wirksam sein, sollten Sie sie regelmäßig «begehen», benutzen, aktivieren. Wiederholung ist die Mutter aller neuen Fähigkeiten. Keine Angst, das ist kein Aufwand. Erinnern Sie sich einfach jeden Tag ein, zwei Mal daran. Wie Susanne.

Jeden Morgen beim Frühstück denkt sie an die nette Nachbarin von damals mit ihren knallroten, pausbäckigen Äpfeln – und beißt mit Herzenslust in ihren Frühstücksapfel. Jedes Mal, wenn Heiko nach Feierabend vor dem Schuhschrank steht, erinnert er sich an die Jungs und Mädels vom Lauftreff – und würde am liebsten sofort die Schuhe wieder schnüren. Je öfter Sie die neue Verknüpfung aktivieren, desto stärker und breiter wird sie. Bis Sie die alte bald kaum mehr kennen. Susanne sagt inzwischen: «Dass mir Obst mal nicht geschmeckt hat, kann ich mir heute kaum noch vorstellen.» Eben weil sie es sich so oft anders vorgestellt hat. Ihre Vorstellung hat eine starke Verknüpfung in Richtung Erfolg angelegt.

Wir haben es selbst in der Hand beziehungsweise im Kopf. Wir sind nicht Sklaven unserer unbewusst erworbenen Verknüpfungen. Wir können neu verknüpfen, was uns nützt und guttut. Jeder ist seines eigenen Glückes Teppichknüpfer.

*«Alle Dinge sind bereit, wenn der Geist es ist.»*
Johann Wolfgang von Goethe

*«Der Pessimist sieht in jeder Chance eine Bedrohung.
Der Optimist sieht in jeder Bedrohung eine Chance.»*
alte Weisheit

# 4 Der innere Erfolgsfilm

## Im falschen Film

Erfolg ist eine Sache des Kopfes. Inzwischen hat die Wissenschaft recht genau herausgefunden, was im Kopf erfolgreicher Menschen abläuft. In der NBA, der US-Basketball-Profiliga, machte ein Psychologieprofessor dazu ein interessantes Experiment. Er wählte einige Profis aus, teilte sie in zwei gleich starke Gruppen und unterzog beide einem Training. Beide Gruppen sollten versuchen, ihre Trefferquote beim Strafwurf zu erhöhen. Die eine Gruppe trainierte stundenlang am Korb. Sie erhöhte ihre Trefferquote um durchschnittlich drei Prozent. Die andere Gruppe erhöhte ihre Erfolgsquote um zwanzig Prozent. Natürlich waren sämtliche NBA-Trainer ungeheuer scharf darauf, mehr über dieses Wundertraining zu erfahren. Sie fragten sich: Mit welchen Übungen hat es der Professor geschafft? Hat er die empfindlichen Handgelenke der Werfer trainiert? Hat er mit besonders schweren oder leichten Bällen trainieren lassen, um die Muskeln zu stärken oder das Ballgefühl zu erhöhen? Stellen Sie sich das Erstaunen der Trainer vor, als diese erfuhren, was der Professor tatsächlich trainieren ließ: nämlich (fast) nichts.

Die erfolgreiche Gruppe saß stundenlang regungslos herum und machte nichts anderes, als sich den Wurf *vorzustellen*. Hunderte Male ließen sie den immer gleichen Film vor ihrem geistigen Auge ablaufen.

Der Film hieß: Der perfekte Wurf. Als der Film so lange angeguckt war, bis er reibungslos im Kopf ablief und immer wieder wiederholt werden konnte, stieg die Trefferquote automatisch. Erstaunlich? Eigentlich nicht. Trainer von koordinativ anspruchsvollen Sportarten wie Leichtathletik oder Sportgymnastik wissen schon lange: Was nicht im Kopf ist, ist auch nicht im Körper. Der Kopf steuert den Rumpf, sagen die Sprinttrainer. Wer im Winter gerne alpine Skirennen anschaut, sieht die Profis bei der Filmarbeit. Total versunken kauern sie mit geschlossenen Augen auf der Piste, schwanken leicht hin und her und wedeln langsam mit der Hand: Bevor sie an den Start gehen, fahren sie die Piste vor ihrem geistigen Auge ab, bis die Torfolge «sitzt». Sie drehen ihren Erfolgsfilm.

Filmarbeit machen jedoch nicht nur die Profis. Jeder von uns hat tägliche solche Filmerlebnis. Wer regelmäßig Sport treibt, hat sie sogar fast ständig – wenn er darauf achtet. Denn wie alle Erfolgsprozesse läuft auch dieser unbewusst ab. Wenn wir unserem eigenen Denkprozess bewusst nachspüren, erinnern wir uns an Erlebnisse wie

- «Als der Pass kam, sah ich den Ball schon in die Torecke krachen, noch bevor ich überhaupt abgezogen hatte», sagt Hans, der Amateurkicker. Und der Ball krachte in die Ecke.
- «Vor meinem geistigen Auge sah ich die Falle, die ich ihm stellen wollte», berichtet Susi, die Schach spielt. Und bald hatte sie ihn in der Ecke. Simultanschach ist zum Beispiel gar nicht denkbar ohne Film im Kopf.

Unbewusst benutzen wir diesen Prozess ständig. Wenn wir uns anziehen und zu einem Kleidungsstück greifen, überlegen wir uns vorher, wie das mit den anderen Kleidungsstücken zusammenpasst. Wir sehen die Kombination vor dem geistigen Auge. Genauso beim Kochen und Backen. Wir sehen den leckeren Apfelkuchen, bevor wir ihn backen (oder wir spüren den Geschmack schon auf dem Gaumen). Das ist für uns bereits so selbstverständlich, dass wir gar nicht mehr darauf achten. Aber es hat enorme Konsequenzen: Wir erschaffen unsere Welt um uns nach dem Bild, das wir im Kopf tragen. Wer ein Marmeladebrot essen will, hat es zuerst im Kopf. Das ist ein Segen – und ein Fluch. Denn da der Film unbewusst läuft, läuft er unbewusst oft in die falsche Richtung. Unglücklicherweise meist dann, wenn's drauf ankommt. Wenn wir beispielsweise zum Elfmeter anlaufen, schießt uns das Bild durch den Kopf: «Ball geht vorbei!», und prompt geht die Sache schief. Vielleicht geht der Ball nicht vorbei. Doch wir sind nicht mit der vollen Konzentration bei der Sache. Der Torwart krallt sich den schlapp geschossenen Ball. Wir scheitern, weil wir im falschen Film saßen.

## Der Kopf ist auch nur ein Muskel

Wer ein Marmeladebrot essen will, muss erst ein Marmeladebrot im Kopf haben. Wer Erfolg haben will, muss den Erfolg erst im Kopf haben. Das wissen wir längst. Der Haken dabei: Der Film bekommt Risse, sobald man nervös, gestresst oder unter Druck ist. Da denkt man an alles andere als an den Erfolg: Was, wenn's schiefgeht? Oje, ich bin nicht ausreichend vorbereitet! Was denken die andern von mir? Warum fällt es so schwer, den richtigen Film laufen zu lassen?

Hans ist nervös. Übermorgen muss er einen schwierigen Teamkollegen von einer unangenehmen Aufgabe überzeugen. Wenn der Kollege quertreibt, ist das Projekt von Hans gefährdet. Immer wieder schießt Hans der Film von der letzten Auseinandersetzung durch den Kopf. Hans weiß: Je öfter er diesen Negativfilm laufen lässt, desto größer wird die Wahrscheinlichkeit, dass es wieder genau so kommt; weil das Gehirn gerne bekannte Muster wiederholt, bevor es ungewohnte Muster abspielt. Also gibt er sich alle Mühe, eine positiven Film zu entwickeln. Das ist schon schwer genug. Denn meist können wir uns gar nicht vorstellen, wie ein gefürchtetes Ereignis überhaupt positiv verlaufen könnte. Doch Hans hat Fantasie und Beobachtungsgabe. Er weiß, dass der Kollege auch ganz verständnisvoll sein kann. Also gelingt ihm irgendwann wirklich das Abdrehen eines konstruktiven Filmes. Hans wendet das Erfolgsrezept des inneren Films tatsächlich an – und ist enttäuscht.

«Ich habe mir mühsam eine positive Gesprächsatmosphäre ausgemalt», sagt Hans. «Aber der blöde Negativfilm schleicht sich ein, sobald ich nicht aufpasse. Die Technik funktioniert einfach nicht.» Das stimmt nicht. Die Technik funktioniert, sie wird lediglich sabotiert. Inzwischen wissen Sie, wovon: von der Gewohnheit. Es nützt überhaupt nichts, den positiven Film ein einziges Mal anzusehen, wenn der negative bereits in der siebten Woche läuft. Nehmen wir ein ganz einfaches Beispiel: eine Telefonnummer. Sie haben bestimmt einige Nummern im Kurzwahlspeicher. Eltern, Freunde, Oma, gute Geschäftspartner … Wie viele davon können Sie auswendig wählen?

Die meisten Menschen stehen irgendwann völlig verdattert vor einem Münztelefon oder bei guten Freunden und sagen: «Oje, ich weiß nicht mal mehr die Nummer meiner Mutter auswendig!» Ist man deshalb eine böse Tochter, ein böser Sohn? Nein. Das ist ganz normal. Früher, als man die Nummer noch auswendig kannte, kannte man sie auch nicht aufs erste Mal auswendig. Nur weil man sie so oft wählte, prägte sie sich irgendwann ein. Heute ist diese Einprägung vom Kurzwahlspeicher abgeschafft. Man prägt sich höchstens noch die Kurzwahlziffer ein.

Für das Langzeitgedächtnis gilt: Einmal ist keinmal. Wenn Sie sich die Nummer wirklich merken wollten, müssten Sie Ihr Gedächtnis trainieren. Und zwar sieben- plus/minus zweimal (die sogenannte Miller'sche Zahl) – diese Anzahl fand man durch Versuche heraus. Sie müssen fünfmal wiederholen, wenn Sie heute in Gedächtnis-Höchstform sind. Neunmal, wenn Sie im Moment geistig etwas träge sind. Erst nach diesen fünf- bis neunmal ist der Schwellenwert erreicht, der eine Speicherung im Langzeitgedächtnis auslöst. Danach wissen Sie die Nummer auch noch Stunden später auswendig. Doch schon einen Tag danach kann sie wieder vergessen sein. Was wirklich dauerhaft gespeichert werden soll, muss nach der ersten Speicherung täglich ungefähr dreimal wiederholt werden.

Deshalb funktioniert bei vielen Menschen der Erfolgsfilm nicht: Der Film lief zu kurz. Er ist nie ins Langzeitgedächtnis gelangt. Der

Erfolgsfilm wirkt erst, wenn er sieben- plus/minus zweimal wiederholt und dann täglich dreimal wiederholt wird. Die Folgen der Miller'schen Zahl sind enorm. Hans zum Beispiel glaubt, dass er mit seinem Kollegen, «diesem Quertreiber», nie klarkommen wird, weil er eben ein Quertreiber ist. Dabei stimmt das gar nicht. Der Negativfilm lief lediglich schon so oft ab, dass er zur Gewohnheit wurde. Und Gewohnheiten hält unser Gehirn für wahr (s. Kapitel 3). Wenn wir also wirklich Erfolg haben wollen, müssen wir unser Gehirn erst trainieren. Wir müssen die negative Filmgewohnheit, die wir uns antrainierten und die wir für die Wahrheit halten, abtrainieren. Das Gehirn funktioniert wie ein Muskel. Wenn es nicht trainiert wird, bleibt es schlaff. Trainieren wir mit ihm den Erfolgsfilm.

Unser Gehirn speichert diesen Film nicht nur als «Software» ab, sondern verändert doch tatsächlich seine Hardware: Jene Neuronen, deren synchronisiertes «Feuerwerk» (Neuronen «feuern», wenn sie aktiviert werden) den Film ergeben, werden neu verknüpft und ihre Verknüpfungen verstärkt. Umso stärker, je öfter Sie den neuen Film «trainieren». Das erklärt, warum ab einem bestimmten Punkt (*Point of No Return*) Sie nur noch den Erfolgsfilm sehen: Die neue neuronale Verknüpfung ist stärker geworden als die alte mit dem Misserfolgsfilm. Diese unglaubliche physische Veränderlichkeit des Gehirns nennt man Neuroplastizität: Wir können unser Gehirn tatsächlich plastisch formen. Wie jeden anderen «Muskel» auch. Wenn wir es wollen und wenn wir es richtig anstellen (siehe auch Kapitel 7).

## Filme bestimmen unser Leben

Filme laufen nicht nur vor großen Ereignissen. Sie laufen ständig im Alltag. Beim Kochen sehen wir das fertige Cordon bleu vor uns, beim Einkaufen halten wir die Bluse hoch und sehen, wie sie zu diversen Röcken passt, die daheim im Schrank hängen. Bevor der Flieger startet, sehen wir ganz deutlich seinen Absturz und bekommen einen Schweißausbruch. Der Architekt sieht das Haus erst im Kopf, bevor er es aufs Zeichenbrett skizziert. Der innere Film ist ein im Grunde banaler Mechanismus, der jedem von uns vertraut ist. Die Frage ist lediglich: Was fange ich damit an? Schaue ich mir Erfolgs- oder Gruselfilme an?

Was immer wir ansehen, wird Realität. Wer auf den Stuhl steht, etwas vom Regal holt und dabei sieht, wie er vom Stuhl fällt, wird heftig damit zu kämpfen haben, nicht tatsächlich herunterzufallen. Wenn's im Kopf wackelt, wackelt bald auch der Körper. Wer den inneren Film sieht «ab vierzig ist das Leben vorbei» sieht überall nur dickbäuchige Vierziger, die lustlos im Biergarten versumpfen. Die unternehmungslustigen Himalaya-Abenteuer-Urlauber nimmt er nicht mehr wahr. Also glaubt er tatsächlich, dass das Leben ab vierzig «rapide abwärts geht». Dabei ist das reiner Selbstbetrug. Aber wir glauben's, weil wir uns diese Fehlsicht zur Gewohnheit machten. Deshalb ist der freudige Schock groß, wenn Menschen urplötzlich mit dieser Sabotagegewohnheit brechen. «Ich dachte immer, mit fünfzig fängt man keinen neuen Job mehr an», sagt Frederik. «Seit ich mich probehalber umschaute, was es überhaupt so gibt, war ich von der Anzahl der Möglichkeiten ganz überrascht.» Seltsam, nicht? Wo wir doch alle glauben, dass ab fünfzig der Job-Ofen aus ist. Statistische Wahrheit? Nein, blöde Gewohnheit.

Wir glauben oft, dass wir etwas nicht können oder dass etwas unmöglich ist, und erkennen nicht die Täuschung dahinter. Steffi zum Beispiel hat Bammel vor einer Präsentation. «Das liegt mir nicht», sagt sie. «Ich bin eher die stille Arbeiterin im Hintergrund.» Unsinn. Tatsächlich verhält sie sich wie ein gut dressierter Pudel. Sobald sie an «Präsentation» denkt, läuft bei ihr ein Ingmar-Bergman-Film an: lauter todernste Zuhörer, die ausdruckslos auf ihren Stühlen hocken und fast einschlafen. Sie denkt, das sei so, weil sie eben als Präsentatorin unbegabt sei. Aber tatsächlich ist sie als Präsentatorin erfolglos, weil sie solches Schauderzeugs denkt. Seit sie sich mühsam über die Miller'sche Schwelle gerungen hat («Anfangs sah das alles so falsch aus!»), sieht sie das anders. Sie sieht jetzt begeisterte Menschen, die vor Spannung fast vom Stuhl fallen und nach ihrer Präsentation begeistert Beifall klatschen. Und tatsächlich kommt es auch so. Hexerei? Nein.

Was wir denken, schafft unsere Realität. Evi traut sich nicht, diesen neuen tollen Typen aus der Forschungsabteilung anzusprechen. «Der findet mich bestimmt langweilig.» Unwillkürlich – das heißt, ohne dass sie das bewusst bemerkt – stellt sie sich vor, wie er die Augenbrauen hochzieht, wenn sie ihn anredet, und den Mund verzieht. Zwei alternative Realitäten folgen darauf wie das Amen aufs Vaterunser:

- Also redet sie ihn lieber gleich gar nicht an. Diese Forscher. Halten sich sowieso für was Besseres. Frau kennt das ja.
- Trotzdem überwindet sie sich, ihn anzusprechen. Aber da der innere Film sie total nervös macht, schüttet ihr Körper Stresshormone aus, sie verkrampft ihre Körpersprache ist verkorkst, sie wirkt unsympathisch. Der tolle Typ denkt: «Diese Mädels aus der Buchhaltung. Verklemmt.»

Nun ist Evi nicht Gottvater. Seit sie das eingesehen hat und sich bewusst machte, dass sie unmöglich das Verhalten eines neuen Kollegen vorhersehen kann, hat sie sich vorgenommen, auf jeden Fall locker zu bleiben. Das kann sie nicht, solange im Kopf das Beziehungs-Kettensägenmassaker Teil V abläuft. Also kippt sie den Film mithilfe des Vorführers Miller aus dem Programm und führt «Eigentlich ist der Typ ganz schnuckelig» auf. Sie stellt sich vor, wie er ihr freundlich zulächelt, wenn sie ihn anspricht, und ihr einen Platz in der Lounge anbietet, in der er oft zur Kaffeezeit sitzt. Evi hat ihn nie in der Lounge angesprochen. Sie lief ihm zufällig vor dem Aufzug über den Weg. Aber da dort automatisch der richtige Film ablief, löste die Ahnung auf das Lächeln des Neuen eine Endorphin-Ausschüttung (ein Wohlfühl-Hormon) bei Evi aus, die sie total relaxed machte. Sie wirkte sympathisch. Der Neue war beeindruckt von ihrer selbstsicheren und freundlichen Art. Ihre Körpersprache stimmte. Er lächelte. Sie haben sich zum Date verabredet. Der Film schafft die Realität.

## Das Desaster-Domino

An Evis Beziehungsglück sieht man sehr schön, wie mächtig Filme wirken. Sie lösen eine Kettenreaktion aus. Der Körper kann nämlich nicht zwischen Realität und Vorstellung unterscheiden. Wenn Sie sich jetzt einmal nur sechzig Sekunden lang eine vollreife, sattgelbe Zitrone vorstellen, die Sie mit einem mordsscharfen Messer zerteilen, dass der Saft nur so spritzt, kleine Schnitze daraus machen und dann einen Schnitz nach dem anderen genüsslich aussaugen – selbst Menschen mit schwachem Vorstellungsvermögen verspüren darauf, wie der Speichel fließt oder sich die Lippen verziehen. Manche müssen sogar schlucken. Dabei war das nur Einbildung! Daher kommt auch das Lampenfieber. Der Auftritt, das Kundengespräch, der Termin beim Chef ist noch Tage entfernt, doch schon jetzt hat man feuchte Hände und ein ungutes Gefühl im Magen, sobald man nur daran denkt. Der Körper reagiert auch auf die reine Vorstellung! Und wie.

Der Desaster-Film löst im Körper Stress aus. Und Stress hat immer eine ganz eindeutige Folge. Man ist nicht mehr kreativ, überlegt und sympathisch, sondern blockiert. Also entweder aggressiv oder defensiv. Im Endeffekt schaltet der Desaster-Film also

- den gesunden Menschenverstand ab. Man fragt sich nicht mehr: Was ist der Situation angemessen? Man haut einfach drauf oder verkriecht sich. Bestes Beispiel: Termindruck und Stau auf der Autobahn. Reaktion: Man klebt dem Vordermann an der Stoßstange. Angriff! Anstatt auf den nächsten Parkplatz zu fahren und telefonisch die Verspätung anzukündigen. Das wäre der Situation angemessen. Denn bei Stau kann man ja eh nichts machen. Doch im Stress denkt man nicht vernünftig. Man ist blockiert.
- die Kreativität ab. Da man den drohenden Projektabsturz immer wieder vor dem geistigen Auge sieht, fällt einem nur noch eines ein: *Try harder!* Noch mehr Überstunden! Dabei gäbe es viel bessere Lösungen. Doch diese sieht man nicht, weil der Stress die Perspektive zum Tunnelblick verengt. Nach der Katastrophe fällt es einem wie

Schuppen von den Augen: «Warum hast du nicht mich gefragt? Ich hätte dir geholfen!» «Huch, entschuldige, aber ich war so im Stress, dass ich nicht mal daran denken konnte!» Stress verhindert Erfolg, weil er blockiert.

- die Synergien ab. Es gibt Unternehmen, die alles fünfmal erfinden, weil die Leute vor lauter Stress mit einem solchen Tunnelblick durch die Gegend laufen, dass sie nicht bemerken, wie die Nachbar-Projektgruppe bereits ein ähnliches Projekt verfolgt – obwohl man täglich an deren Werkstatt vorbeiläuft!
- die Wahlmöglichkeiten aus. Der Film zeigt nur diese eine Möglichkeit, die man für die Wahrheit hält. Das ist aber logisch unmöglich. Es gibt immer mehrere Möglichkeiten. Doch diese sieht man nicht mehr, wenn man vor der falschen Leinwand sitzt. Daher fühlen wir uns auch oft unter Druck gesetzt. Wir sehen fälschlicherweise nur noch eine Möglichkeit: «Ich habe keine Wahl!» Das setzt unter Druck. Obwohl es viele Möglichkeiten gibt.

Tatsächlich löst der falsche Film eine Kettenreaktion aus, die uns total blockiert. Am Ende weiß man nur noch: «Das läuft ja alles so schrecklich schief!» Dass daran der falsche Film schuld ist, der ganz zu Anfang lief, das merkt man kaum noch. Umgekehrt führt der richtige Film zu einer Kettenreaktion des Erfolgs. Da man den Erfolg schon vor dem geistigen Auge sieht, bleibt man locker, ist offen für ungeahnte Hilfen, für Synergien, kreative neue Ansätze – und bei diesen Voraussetzungen ist der Erfolg schon nicht mehr zu verhindern. Deshalb ist es so wichtig, sich den richtigen Film zu basteln.

## Wie komme ich zum richtigen Film? Üben

Wenn Ihr alter, blöder Film schon hundertmal lief, kostet es eine Riesenüberwindung, ihm den Saft abzudrehen und einen neuen anzufangen. Alte Gewohnheiten sind uns halt lieb – und teuer! Wenn der alte Film also schon 100-mal lief, muss der neue mindestens 101-mal laufen oder viel intensiver, bestärkter und belohnter laufen, um den alten zu übertönen. Ganz los wird man den alten auch nicht. Aber das ist auch nicht nötig. Er darf ruhig ab und zu aufflackern, solange der neue immer wieder wiederholt wird.

«Jetzt schau ich mir meinen positiven Film an, und die Sache ist geritzt.» Eben nicht. Einmal ist keinmal. Filmemachen ist harte Arbeit, bis der neue Film zur Gewohnheit wird. Wir kennen das aus dem Hobbysport. Wenn wir jahrelang den Tennisschläger so gehalten haben oder den Volleyball so gespielt haben und jetzt ein neuer, guter Trainer sagt: «Nicht gut. Schau, so geht's doch viel besser», dann kommen wir uns bei den ersten Versuchen wie die Idioten vor. Das fühlt sich alles total falsch an und führt auch zu keinem Ergebnis. Dann sagt man gerne: «Ach was, das klappt doch nicht. Das kann ich nicht. So gut ist die neue Technik auch nicht.» Aber das ist Unsinn. Die alte Technik hat man tausendmal angewandt – da kann die neue Technik doch nicht schon nach siebenmal funktionieren! Aber in dieser Hinsicht ist das Gehirn falsch gepolt: Es bewertet Vertrautes als richtig und Neues als falsch. Wie falsch das ist, merken wir, wenn wir es einfach mal versuchen und die neue Technik mehrmals durchziehen. Sobald wir den neuen Schlag fünfzigmal gemacht haben, fragen wir uns, wie wir das früher mit der alten Technik überhaupt so weit gebracht haben!

Am Anfang holpert der neue Film gewaltig. Aller Anfang ist schwer. Doch unser Gehirn ist wie ein Muskel: Ohne Training läuft es nicht. Menschen, die kürzlich umgezogen sind, ertappen sich immer wieder dabei, wie sie die erste Zeit noch ganz automatisch von der Arbeit zur alten Wohnung fahren. Reine Gewohnheit. Das muss man sich auch erst abgewöhnen. Richtiger: Man muss den neuen Weg zur Gewohnheit machen. Indem man es immer wieder übt. Die äußerst erfolgreiche Jugendmannschaft eines amerikanischen Tennisvereins hat sich ihr Erfolgsmotto aufs T-Shirt drucken lassen: *Who doesn't practice has no right to dream* – wer nicht trainiert, hat kein Recht zu träumen.

Sobald man sich überwunden hat, dem Neuen einmal, zehnmal, zwanzigmal eine Chance zu geben, dreht sich die ganze Sache um. Die neue Gewohnheit verstärkt sich jetzt plötzlich selbst. Wir sehen, dass die neue Technik zum Erfolg führt, dieser Erfolg belohnt uns (wenn wir ihn lassen, siehe Kapitel 3) und beflügelt uns, bei der neuen Technik zu bleiben, die bald auch zur Gewohnheit wird und nun ihrerseits vom Gehirn gegen alles Neue verteidigt wird. Irgendwann ist der alte Desaster-Film vergessen und wir sitzen begeistert vor dem neuen Erfolgsfilm und halten ihn für den einzigen Film, den es gibt. Daher ist es so wichtig, dass Sie sich den richtigen Film und die richtige Tonspur zu einer richtigen, echten Gewohnheit machen: Erfolg ist tatsächlich nur Gewohnheitssache. Wer die Arbeit investiert, sich den richtigen Ton und das richtige Bild zur Gewohnheit zu machen, wird mit Erfolg belohnt.

## Vergleich mit dem Falschen

Der russische Schriftsteller Fedor Michailowitsch Dostojewski, den Friedrich Nietzsche für den größten Psychologen aller Zeiten hielt, lässt in seinem Werk «Dämonen» einen der Handelnden sagen: «Alles ist gut … Alles. Der Mensch ist unglücklich, weil er nicht weiß, dass er glücklich ist. Nur deshalb. Das ist alles, alles! Wer das erkennt, der wird gleich glücklich sein, sofort, im selben Augenblick …» Dunkel ist der Worte Sinn? Schauen wir uns drei Beispiele an.

Karl, vierzig, steht im Sportstudio vor dem Spiegel und betrachtet seinen «Kesselumfang», wie es in Studiokreisen heißt. «Oje, ich bin total außer Form.» Es wurmt ihn, dass er zwar beruflich erfolgreich ist, aber eben auch aussieht wie ein typischer deutscher Vorgesetzter. Träge und unsportlich.

Steffi ist Produktmanagerin in einer Konzernzentrale. Gerade ruft die britische Niederlassung an. Sie quält sich mehr recht als schlecht durch das Gespräch und ist danach nervlich fertig: «Mit meinen Englischkenntnissen habe ich in einem Weltkonzern keine Chance, es ganz nach oben zu schaffen.» Frustriert geht sie nach Hause und überlegt, wie es wohl aussieht, wenn sie in fünf Jahren immer noch auf Produktmanager-Ebene festklebt.

Gerd verhandelt mit seinem Boss über eine Gehaltserhöhung. Er hat ihm ganz klar gesagt: «Ich will eine sechs als erste Ziffer.» Der Chef rückt 500 Euro monatlich mehr heraus. Gerd ist ziemlich frustriert: «Offensichtlich bin ich es ihm nicht wert. Ich sollte mich nicht mehr so verausgaben. Hier bringe ich es doch nicht weiter.»

Karl, Steffi und Gerd hatten einen schlechten Tag. Und nicht nur das. Alle drei haben einen Misserfolg einstecken müssen, der ihnen noch lange im Magen liegt und auch bald Wirkung zeigt. Karl kann seinen Anblick immer weniger ertragen und geht deshalb seltener ins Fitnessstudio. Steffi findet sich damit ab, es nie bis zur Senior- oder Group-Product-Managerin zu schaffen. Alle drei akzeptieren ihren Misserfolg – alle drei unterliegen einem schweren Irrtum. Die drei erkennen den Irrtum nicht – dafür erkennen ihn alle anderen.

Als Karl die Umkleide verlässt, sagt ein Sportkollege zum anderen: «Der Karl, unglaublich, hat im letzten halben Jahr über fünf Kilo abgenommen.» Steffis Vorgesetzte ist beeindruckt: «Jedes Mal, wenn die britische Niederlassung anruft, drücken sich sämtliche Manager. Nur die Steffi nimmt das Gespräch an. Der Brite will sie auf Biegen und Brechen zu sich holen. Aber das schafft er nicht. Vorher befördere ich sie so hoch, dass er sie sich nicht mehr leisten kann.»

Erfolg ist leicht, Misserfolg ist harte Arbeit. Karl, Steffi und Gerd sind allesamt erfolgreich. Rein objektiv betrachtet. Trotzdem *glauben* sie, dass sie nicht erfolgreich seien. Und mit dieser Einstellung sind sie es bald auch nicht mehr. Karl geht nicht mehr ins Studio und futtert die verlorenen fünf Kilo wieder an. Alle drei sind erfolgreich, geben sich aber – unbewusst, immer unbewusst – alle Mühe, ihren eigenen Erfolg zu sabotieren. Die Sabotagetechnik heißt: Vergleich mit dem Falschen.

Wenn ein einssiebzig großer 100-Kilo-Mann endlich die heroische Entschlusskraft aufbringt, abzunehmen, nach einem halben Jahr tatsächlich nur noch 80 kg wiegt, sich dann vor den Spiegel stellt und seine Bauchmuskeln mit denen von Arni Schwarzenegger vergleicht – dann kann er sich gleich die Rumkugel geben. Er *muss* sich als gescheitert empfinden. Wer sich als Englisch sprechende Deutsche mit einem *Native Speaker*, einem gebürtigen Briten, vergleicht, muss schlecht abschneiden. Und wer erwartet, dass der Chef bei Gehaltsverhandlungen 4000 gibt, wenn man 4000 fordert, hat ein Rad ab. Wer in seinem Leben ab sofort keinen einzigen Erfolg mehr einfahren und fortan nur noch unzufrieden und unglücklich sein möchte, braucht nur ein einziges, simples Misserfolgsrezept zu beachten: Wenn die Messlatte nur astronomisch hoch genug liegt, ist der Misserfolg garantiert. Wer sich mit Claudia Schiffer vergleicht, kann nie wieder Freude an der eigenen Figur empfinden. Wer sich als Investitionsgüterverkäufer mit Konsumgüterverkäufern und deren Absatzzahlen vergleicht, kann sich gleich einen Strick nehmen.

Aber genau das tun wir. Ständig. Wir vergleichen uns mit total bescheuerten Vergleichsgrößen – ohne es zu merken. Tatsächlich ist Karl einer der bestaussehenden Vierziger im Studio. Natürlich sieht er nicht mehr aus wie zwanzig. Aber was will eine intelligente Vierzigerin auch mit einem Knaben, der Aretha Franklin für eine Basketballspielerin hält? Steffi spricht von allen europäischen Nicht-Briten unter den 400 Produktmanagern des Konzerns das beste Englisch. Gerd ist der einzige Controller in der Abteilung, der 3900 Euro verdient. Und alle drei sind unzufrieden oder fühlen sich gar als Versager. Da fällt einem doch das Blech ab. Der Erfolg verfolgt uns, aber wir sind schneller.

Es mag angehen, dass man mal einen Erfolg übersieht. Doch die Folgen sind enorm: Misserfolg zieht Misserfolg nach sich. Wer sich heute für Erfolg nicht belohnt, wird morgen keinen haben. Wir übersehen nicht nur den heutigen Erfolg, wir machen uns damit auch das künftige Leben schwer. *Everyone's a winner*, sangen Hot Chocolate. Stimmt. Nur gibt es welche, die das nicht sehen, weil sie die Vergleichsbrille aufhaben – und es nicht merken. Wenn Sie also in irgendeinem Bereich Ihres Lebens unzufrieden sind, fragen Sie sich:

– Warum bin ich unzufrieden?
– Ist die Leistung oder der Zustand objektiv schlecht?
– Oder vergleiche ich mich unbewusst mit etwas oder jemandem?

- Kann ich mir diesen Vergleich bewusst machen?
- Was ist mein unbewusster Maßstab?
- Wie realistisch ist dieser?
- Was wären realistische Maßstäbe?

Besser noch, Sie lassen einige dieser Fragen ständig mitlaufen. Denn ständig handeln wir, ständig beurteilen wir dieses Handeln. Und wenn der Overkill-Vergleich ständig mitläuft, fühlen wir uns ständig unterschwellig unzufrieden. Die Effekte dieser Kontrollfragen sind ähnlich weittragend wie beim Erfolgstagebuch. Steffi zum Beispiel sagt: «Als mir bewusst wurde, mit wem ich mich ständig vergleiche, sah ich zum ersten Mal, wie gut ich eigentlich bin – ohne es je gesehen zu haben!» Der Erfolg ist da. Täglich, stündlich. Wir müssen ihn wahrnehmen – und uns dafür belohnen – sonst ist er bald nicht mehr da.

Meist reicht es schon, sich den überzogenen Vergleich bewusst zu machen, um ihn abzustellen – denn er ist idiotisch. Was habe ich mit Claudia Schiffer zu tun? Die tut 24 Stunden nichts anderes, als sich zu pflegen. Ich habe einen Job, den sie sicher nicht machen könnte. Wenn sie meinen Job machen würde, würde sie sich sicher auch nicht mit mir vergleichen. Das wäre bescheuert. Und Supermodel wird man nicht, wenn man bescheuert ist. Also was soll der Vergleich? Womit sollte ich mich realistischerweise vergleichen?

Bei vielen von uns läuft dieser Vergleichsfilm ständig unterbewusst ab. Wir sehen in den Spiegel und denken: «Oje.» Dabei merken wir gar nicht, dass wir neben dem Spiegel Claudia oder Arni sehen. Wir fühlen uns unzufrieden nach einem Reklamationsgespräch. Der Kunde hat getobt. Wir haben es nicht geschafft, die harmonische Kundenbeziehung wiederherzustellen. Versagen? Nein, falsche Messlatte. In einem Reklamationsgespräch ist absolute Harmonie völliger Unsinn. In einem Reklamationsgespräch fetzt man sich (idealerweise nach den Maßstäben konstruktiver Gesprächsführung). Danach ist die Luft wieder sauber. Harmoniesucht führt hier zu nichts.

Bei manchen von uns ist diese ständige Vergleicherei schon zu einem ernsthaften Hindernis fürs Lebensglück geworden. Da es immer jemanden gibt, der besser ist, findet man immer einen Anlass, unzufrieden zu sein. Für wenige Menschen ist dies die Triebfeder, sich zu verbessern: «Ich will nicht Vizemeister werden – ich will den Titel!» Ein guter Motivator. Wenn sich der Vizemeister aber nun auch noch mit dem bestaussehenden, dem intelligentesten und dem reichsten Mann seiner Stadt, des Landes, der Welt vergleicht, haben wir einen Selbstmordkandidaten.

Es kommt darauf an, welchen Wert Sie verfolgen. Wenn «Gewinnen» Ihr Wert ist, motiviert es Sie, sich mit den Besten zu vergleichen. Wenn Sie dagegen eine gute Tennisvorhand schlagen wollen, irritiert es Sie und setzt es Sie unter Druck, sich ständig mit dem Club-Besten zu vergleichen. Der Negativfilm löst Stress aus, und Stress blockiert Ihren Erfolg (siehe oben). In diesem Fall gibt es nur eine einzige Vergleichsgröße, die Ihnen Erfolg bringt: Ihr eigener Fortschritt. Wenn Sie sehen, wie Sie sich Schritt für Schritt verbessern, spüren Sie den Erfolg, der Sie für weitere Erfolge motiviert. Besonders Wettkampfschwimmer handeln nach diesem Prinzip. Deshalb sieht man im TV oft Szenen, die man als Laie nicht versteht. Bei einem nationalen Schwimmfest schwimmt eine Teilnehmerin als Fünfte ein und freut sich wie die Schneekönigin. Der Laie denkt: «Nur Fünfte?» Die Schwimmerin denkt: «Ich habe meine eigene Bestzeit um ganze zwei Sekunden unterboten – das ist ein Quantensprung!» Wer so denkt, hat Erfolg – und wird vielleicht nächstes Jahr Erste.

## Denkblockade und Dissoziation

In einem Bürohochhaus in Manhattan fiel an einem Freitagnachmittag der Strom aus. Da fast alle schon zu Hause waren, wurde der Ausfall erst am Samstagmorgen bemerkt. Der Wachdienst hörte zufällig die Klopfzeichen eines im Lift eingeschlossenen Managers. Er hatte eine Nacht in einer Einzelzelle verbracht, deren Enge man keinem Gefangenen zumuten würde. Er war nervlich ziemlich angegriffen. Doch der größte Schock stand ihm noch bevor, als er sah, wie der Wachmann die Aufzugstür mit bloßen Händen aufstemmte: Der Aufzug hatte eine Mechanik, die ihn bei Stromausfall automatisch per Notstrom zum nächsten Stockwerk hinabließ und die Tür entriegelte.

Der Manager hätte bloß die Tür aufdrücken und aussteigen müssen. «Jesus!», rief er frustriert, «warum bin ich da nicht draufgekommen?» Ja, warum nicht? Weil unser Gehirn unter Stress nicht funktioniert (siehe oben: Das Desaster-Domino).

Man kann sich gut ausmalen, wie der Manager gefangen im Aufzug festsaß, sich vorstellte, wie er das Date mit der netten Kollegin verpasst oder das Spiel der Giants nicht ansehen kann und ihn allein diese Desaster-Gedanken immer nervöser machten – bis er keinen klaren Gedanken mehr fassen konnte. Das Adrenalin hat seine Gedanken blockiert. Unter Stress kommt uns der kühle Kopf abhanden. Ein alltägliches Phänomen:

– Der Chef ruft: «Kommense mal rein! Ich hab ein Wörtchen mit Ihnen zu reden!» Spontane Stressreaktion: «Oje. Nicht schon wieder!» Prompt reagieren wir falsch: Wir erdulden stumm die Tirade (Flucht) oder lassen uns auf eine sinnlose Brüllpartie ein (Kampf). Hinterher fallen uns die sachlichen Argumente ein, mit denen wir die Situation hätten souverän entschärfen können.
– Nach dem Bewerbungsgespräch, nach dem Erstgespräch mit dem wichtigen Kunden, nach der Präsentation, nach dem ersten Date mit dem Märchenprinzen / der Traumfrau fällt uns ein, was wir unter keinen Umständen hätten sagen sollen, was wir auf jeden Fall hätten sagen sollen – aber wir taten es nicht.

Warum fällt uns so was immer erst hinterher ein? Weil wir unter Stress nicht klar denken können. Folge: Wir sehen nur die Wolken (stecke im Aufzug fest), nicht den Silberstreif am Horizont (Notausstieg?). Unter Stress verlieren wir den Überblick. Hinterher ist uns alles völlig klar. Im Urlaub sagen wir: «Eigentlich war das alles gar nicht so schlimm.» Oft ist die Blockade auch schon am nächsten Wochenende verflogen. Sobald man räumlich oder zeitlich etwas Abstand gewinnt, ist die Denkblockade weg: das Universalrezept gegen Stress.

Dieses Rezept wenden wir täglich automatisch an. Wenn die Sitzung feststeckt, stehen wir auf und machen das Fenster auf. Wenn der Druck im Büro zu groß wird, gehen wir kurz raus in die Kaffeeküche oder eine rauchen oder machen am Wochenende einfach Spontanurlaub. Oder eine Radtour. Wenn Manager auf ihre berühmten Strategie-Meetings gehen, brauchen sie Abstand vom Firmenstress. Also fahren sie nach Berchtesgaden. Wir wissen instinktiv, was bei Stress hilft: raus, abschalten, Abstand gewinnen. Danach kann man wieder klar denken, und oft kommen einem nach dem Abschalten die besten Ideen. Das wissen wir. Wir setzen es leider nur nicht bewusst ein. Wenn das Meeting sich seit drei Stunden im Kreis dreht, wenn wir seit Tagen am selben Problem festsitzen und nicht weiterkommen, wenn wir also dringend Abstand brauchen – was machen wir? Wir hängen noch zwei Stunden dran, verbeißen uns noch fester und versuchen es noch krampfhafter, wodurch die Blockade noch stärker wird. Im nächsten Urlaub sehen wir dann: War gar nicht nötig. War gar nicht so schlimm. Wir alle kennen Stressunterbrecher wie den Urlaub oder das rosa Wochenende. Jeder kennt sie, jeder kann sie anwenden. Nur sind sie oft zu langsam, zu unbewusst und unpraktikabel. Wir können nicht jedes Mal, wenn es stressig wird, drei Wochen in Urlaub fahren. Wir brauchen die Stressunterbrechung schneller, bewusster und einfacher. Und das kann man lernen:

### 1. Schnellere Wahrnehmung

Wer den Stress ausknipsen will, muss ihn erst mal erkennen. Das ist nicht so leicht, wie sich das anliest. Wer auf Stress mit Kampf reagiert, hat es etwas einfacher: «Brüll nicht so rum!» «ICH BRÜLLE NICHT RUM!!! Oh, hoppla, hast ja recht.» Aggression ist leicht zu entdecken (wenn auch nicht vor anderen zuzugeben). Ganz leicht an den Körpersignalen: feuchte Hände, Druck im Bauch, flacher Atem, Kopfschmerz … Vorsicht, Stressfalle droht! Wer diese schwachen Signale früh erkennt, kann den Stress unterbrechen, solange er noch klein ist (siehe: 2. Stress unterbrechen, Seite 100). Wichtig ist, dass Sie lernen, auf solche schwachen Signale zu achten und lernen, darauf mit Schritt 2 zu reagieren. Sie wissen ja, wie viel oder besser wie wenig nötig ist, um etwas Neues dauerhaft zu lernen: sieben plus/minus zwei (siehe oben).

Schwerer haben es Menschen, die auf Stress defensiv reagieren: «Oh, das sieht nicht gut aus. Das wird hart.» Man glaubt wirklich, dass es hart wird. Dabei stimmt es gar nicht. Es ist es nur eine Stressreaktion. Viele Menschen erkennen das aber nicht mehr, weil sie die ungünstige Stressreaktion auch noch gegen Abhilfen immunisieren mit Aussprüchen wie: «Ist eben so. Das Leben ist hart. Job ist Job und Schnaps ist Schnaps. Meine Mitarbeiter sind eben alle aufsässig und faul.» Das stimmt eben nicht, und das findet man am schnellsten heraus, indem man sich selbst beim Wort nimmt und zurückfragt: Alle Mitarbeiter? Und das ganze Leben ist hart? Sofort schaltet sich der gesunde Menschenverstand wieder ein. Es gibt gute Tage und schlechte Tage, fleißige und aufsässige Mitarbeiter, blöde Projekte und schöne Projekte.

Normalerweise ist alles im Leben normal verteilt. Es gibt zum Beispiel wenige hochintelligente, wenige sehr dumme und viele durchschnittlich intelligente Menschen. Die Extreme liegen jeweils ungefähr zwischen fünf und zwanzig Prozent Wahrscheinlichkeit. Wer also mehr als zwanzig Prozent schlechte Minuten am Tag, Montagsautos, Flop-Projekte oder böse Mitarbeiter sieht, sieht nicht die Realität, sondern hat einen stressbedingten Knick in der Optik. Unter Stress findet man eben *alles* besch… Wenn man also den Eindruck hat, dass die Zwanzig-Prozent-Marke überschritten wurde, ist der erste Schritt zur Stressunterbrechung, sich genau das einzugestehen: «Ich fühle mich im Stress. Ich fühle den Druck.» Dann ist es nicht länger «das Leben» oder «die bösen Mitarbeiter». Dann ist es der Stress – gegen den ein Kraut gewachsen ist. Es wird Zeit für Schritt 2.

## 2. Stress unterbrechen

Was wir täglich unbewusst machen, müssen wir jetzt ganz bewusst tun: aufstehen, abschalten. Wie schwierig das ist, merken wir, wenn wir wirklich mal abschalten wollen und es nicht funktioniert. Wir kommen nach einem frustrierenden Bürotag heim und knipsen zur Ablenkung den TV an. Nach zehn Minuten merken wir, dass wir von unserer Lieblings-Soap-Opera nichts mitbekommen, weil im Kopf immer noch der Film läuft «Mein Chef, das Scheusal». Wir können einfach nicht abschalten. In dieser Situation ist eine gute Eigenwahrnehmung Gold wert. Jeder Mensch hat Tätigkeiten, bei denen er *garantiert* abschalten kann. Das Problem ist nur: Welche sind das bei mir?

Wir nehmen das meist nicht bewusst wahr. Aber wir merken doch irgendwann, dass wir beim Autofahren, beim Joggen oder Tennisspielen überhaupt nicht, mit keinem Gedanken an den Job, das Projekt oder unsere Alltagssorgen denken. Wir können dabei vollständig abschalten. Sportliche Aktivitäten sind zum Beispiel hervorragende Unterbrecher. Oder andere Aktivitäten, in denen man ganz aufgeht: Lesen, Musik hören, Meditieren, Wegfahren, sich mit anderen Menschen beschäftigen … Welche Tätigkeiten erlauben es Ihnen, vollständig abzuschalten?

Wenn Sie Ihre ganz speziellen Unterbrecher entdeckt haben, ist Stress für Sie kein Problem mehr. Sie können ihn dann jederzeit unterbrechen. Am Wochenende oder abends oder mitten in der Alltagshektik. Einige dieser Sofort-Unterbrecher sind: aufstehen und ein bisschen herumgehen, die Sitzung für fünf Minuten Abkühlung (Ausrede: «Raum mal lüften») unterbrechen, sich für zwei Minuten entschuldigen, sich in eine andere Abteilung «abseilen», kurz über den Hof gehen … Unterbrecher gibt es genug. Solange man sie benutzt, um den Stress abzuschütteln und wieder einen klaren Kopf zu bekommen, sind sie okay. Sobald man sie benutzt, um sich vor dem Problem zu verstecken und beim Gang über den Hof eben doch wieder ständig daran zu denken, hat man den falschen Unterbrecher erwischt.

Übrigens, vergessen Sie die Ventiltheorie: «Wenn ich im Stress bin, muss ich mich abreagieren. Ich muss herumbrüllen. Danach fühle ich mich besser.» Stimmt, Sie fühlen sich besser, aber Sie denken nicht besser. Herumbrüllen erleichtert zwar, aber es macht den Kopf kein bisschen klarer. Wer brüllt, kann nicht denken. Siehe Boris Becker. Früher brüllte er nach einem versiebten Schlag herum und versiebte drei nachfolgende. Heute lässt er sich vom Balljungen einen Ball geben und zieht den versiebten Schlag in aller Ruhe zur Probe übers Netz. Er lässt nicht Dampf ab, er unterbricht den Stress und schaut, woran's lag (siehe: 4. Die Lösung sehen, Seite 103).

### 3. Neben sich treten

Man kann sich nicht immer einen Probeball geben lassen. Man kann nicht immer aufstehen, herumlaufen oder das Fenster aufmachen. Am Telefon geht das schlecht. Oder beim Kundenbesuch, beim Vorstellungsgespräch oder beim Chef. Trotzdem kann man auch hier den Stress unterbrechen. Sicher ist Ihnen auch schon passiert, dass Sie «neben sich getreten» sind, sich selbst reden hörten, als hörten Sie einer anderen Person zu. Sich gefragt haben: Was rede ich denn da? Was tue ich hier überhaupt? In diesem Zustand war der Stress gebrochen. Sie hatten automatisch genügend Abstand. Sie waren ganz ruhig. Nichts kam an Sie heran. In diesen Zustand der – auf Fachchinesisch – Dissoziation (innerer Abstandes vom Geschehen) kann man jedoch nicht nur unbewusst kommen. Sie können auch ganz bewusst in diesen Zustand treten. Es ist wie mit der Atmung. Meist ist sie unbewusst. Man kann aber auch ganz bewusst atmen.

Mit diesem Neben-sich-Treten ist ein ganz bestimmtes Gefühl der Distanz, der Ruhe, der Übersicht verbunden. Wir verspüren es automatisch, wenn wir uns dabei ertappen, wie wir uns selbst zusehen und zuhören. Und über dieses Gefühl der Distanz können wir auch jederzeit in diesen Zustand eintreten. Versuchen Sie's mal. Erinnern Sie sich an dieses Gefühl der Distanz. Sie werden erstaunt sein, wie schnell Sie bei jeder x-beliebigen Gelegenheit buchstäblich auf Distanz gehen können.

Es kann sogar richtig Spaß machen, in ein und derselben Situation zwischen «Mittendrin» und «Distanz» hin- und herzuspringen. Bei freudigen Ereignissen fällt es einem meist leichter. Man ist mittendrin, freut sich mit und plötzlich steht man neben sich: «Eigentlich kindisch, eine Bagatelle so zu bejubeln.» Die Freude, die Wohlfühlhormone sind schlagartig verschwunden, man wird tatsächlich nüchtern. Dann springt man wieder mittenrein: «Aber doch toll, was wir erreicht haben.» Eigentlich ganz erstaunlich, wie wir unsere Gefühle selbst zum Besten steuern können. Was wir fühlen, Glück oder Unglück, Frust oder Freude, ist buchstäblich unsere eigene Wahl. Wir können das eine oder das andere haben – wenn wir wissen, wie wir das andere holen können. Probieren Sie es. Nein, machen Sie aus diesem Hin- und Herspringen Ihre Stressunterbrechungs-Gewohnheit. Sie wissen ja jetzt, wie man nützliche Verhaltensweisen zu Gewohnheiten macht (sieben plus/minus zwei Wiederholungen, siehe Seite 85).

Es empfiehlt sich, diese Sprungübung öfters zu machen. Wer an Bagatellen übt, ist auch auf große Stressoren vorbereitet. Wer im kleinen übt, behält auch im großen sein Pokerface und seine innere Ruhe. Wer bereits total aufgewühlt ist, hat es sehr schwer, zu üben, wie man auf Distanz geht. Natürlich erschwert uns auch hier der Sekundärgewinn (siehe Kapitel 2) das Umsetzen der Erfolgstechnik.

Wer als Boss bei Stress herumbrüllt, profiliert sich als Löwe des Managements. Wer ganz cool dasitzt und wie Kasparov siebzehn Züge im voraus denkt, kann leicht als Weichei missverstanden werden. Auch deshalb sind deutsche Manager permanent so gestresst. Nur ein gestresster Manager ist ein «richtiger» Manager. Auch die defensive Stressreaktion hat einen versteckten Sekundärgewinn: die Passivität des Opfers. Wer sich vom Strom der Ereignisse mitreißen lässt, kommt erst gar nicht auf die simplen Lösungen, die ihn aus seiner Zwangslage befreien würden – und muss sie nicht umsetzen. Sich mitreißen zu lassen, ist bequemer, als anzupacken.

Um den heimlichen Sekundärgewinn zu enttarnen, genügt es schon, wenn Sie sich fragen: Warum hänge ich wieder die Zunge raus?

Warum hechle ich irgendwelchen Terminen hinterher? Warum bin ich im Stress? Was nützt mir das heimlich? (Zu den heimlichen Stress-Auslösern s. auch Kapitel 5). Dann können Sie immer noch entscheiden: Stress machen ist hier besser – der Vorgesetzte schaut zu und macht selbst Stress! Oder: Nö, das ist es mir nicht wert. Stress machen ist zwar ganz nett, aber heute habe ich die Nase voll davon. Also wo liegt die Lösung

### 4. Die Lösung sehen

Das wirklich Wunderbare und beinahe Magische an der Dissoziation (siehe oben unter Punkt 3, Seite 101) ist, dass es einem buchstäblich wie Schuppen von den Augen fällt. Daher kommt die Redewendung! Man tritt kurz mal neben sich – und mit einem Schlag ist alles klar, was vorher unklar war. Die Probleme, die einem eben noch höllisch zusetzten, werden plötzlich ganz klein. Als ob man sie aus der Distanz eines Urlaubes betrachtete. Oder sich mit dreissig an die eigenen Teenagerprobleme erinnert: «Niedlich, worüber man sich früher aufregte!» Das Desaster-Domino (siehe Seite 89) wurde gestoppt. Jetzt blockiert der Stress nicht mehr unser Hirn und rät zu Kampf oder Flucht. Jetzt sehen wir wieder klar. Und in diesem wunderbaren Zustand der Erleuchtung, der Erkenntnis, der Erlösung vom Druck ist es wichtig, dass Sie sich ans Zielsetzen, Tonspurziehen und Filmanfertigen erinnern. Denn sobald Ihnen die Lösung wie Schuppen aus dem Haar fällt, kommen auch schon die alten Saboteure hoch: «Jaja, aber das funktioniert nicht. Das geht in der kurzen Zeit nicht. Das habe ich noch nie gekonnt ...» Bringen Sie die Saboteure zum Schweigen. Fassen Sie ein smartes Ziel und drehen Sie Ihren Tonfilm zum Erfolg.

Wenn Sie einen stressigen Job haben (Hausfrau, Manager, Mutter, Projektleiter, Verkäufer ...) und Ihre Unterbrecher einsetzen, werden Sie zwei erstaunliche Entdeckungen machen. Erstens: Das funktioniert tatsächlich. Zweitens – in den Worten eines Seminarteilnehmers beim Nachfolgetag: «Ich komme mir vor wie ein Jagdflieger, der der feindlichen Flak ausweicht. Ich schlage Haken wie ein Verrückter.» Bislang saß er still da und ließ sich stundenweise abschießen oder brüllte dazwischen öfters kräftig herum. Am Abend half oft nur noch der Manager-Cocktail: Rotwein und darauf ein Valium. Heute unterbricht er konsequent jeden Stressor.

Und da er einen sehr stressigen Job hat, passiert das fast ständig. Genauer: «Jede Stunde mindestens einmal. Ich komme mir vor, als ob ich zwei Jobs hätte. Meinen Job, und fit für meinen Job zu bleiben.» Da hat er etwas sehr Wichtiges erkannt. Wer Job zwei nicht richtig macht, kann auch Job eins nicht richtig machen. Es macht zwar mehr Mühe, den zweiten Job zu machen und seine Unterbrecher zu setzen, als sich auf Job eins zu konzentrieren und Chicken-Management zu betreiben: gestresst herumrennen und gackern. Aber es lohnt sich viel mehr, beide Jobs gleichzeitig zu tun. Es macht zufriedener bei der Arbeit. Es macht erfolgreicher. Und es macht glücklich.

## Auf der Suche nach dem Frame

Zwei Jogger traben nach ihrer hochsommerlichen Joggingrunde durch Wald und Flur zurück in die Küche ihres Hauses am Waldrand. Beide sind gleich erschöpft und verschwitzt. Beide greifen nach der Kühlschranktür. Böse Überraschung: Alles aus, bis auf einen Rest Limonade. Für beide reicht es nur noch zu je einem halben Glas gekühltem Durstlöscher. Der eine denkt: «Mist, nur ein halb volles Glas, das löscht meinen Durst nicht!» Und er geht tatsächlich durstig aus der Küche. Der andere denkt: «Gott sei Dank. Wenigstens ein halbes Glas. Das löscht zumindest den ersten Durst.» Und tatsächlich tut das halbe Glas genau das. Zwei identische halbe Gläser – aber zwei entgegengesetzte Wirkungen. Ist das nicht verrückt? Nein, das ist die Macht der sogenannten *Self-Fulfilling-Prophecy* (einer Prophezeiung, die sich allein deshalb erfüllt, weil sie gemacht wird). Und wenn wir gerade dabei sind und Sie es noch nicht selbst festgestellt haben: Das ganze Leben ist eine *Self-Fulfilling Prophecy*. Es kommt immer so, wie wir es uns gedacht haben. Eigentlich sind wir mächtige Zauberer: Was wir denken, wird wahr (in unserer Wahrnehmung und damit in unserer Realität).

Ist das nicht eine fantastische Gabe? Die Dinge nicht so zu sehen, wie sie uns deprimieren und durstig bleiben lassen, sondern so, dass wir buchstäblich das Beste aus jeder gegebenen Situation machen und auch noch mit einem halben Glas den ersten Durst stillen können? Eine unglaubliche Fähigkeit. Wer diese Fähigkeit besitzt, der muss ganz einfach Erfolg haben. Es geht nicht anders. Und eigentlich hat jeder von uns diese Fähigkeit. Wir wenden sie meist nur ganz unbewusst an.

Alltägliches Desaster: Man trennt sich vom Partner. Frust, Enttäuschung, Panik: «Ob das je wieder was wird? Alle Männer/Frauen sind doch im Grund gleich.» Man bläst zwei Wochen Trübsal, ist zwei Wochen zynisch, sucht zwei Wochen verzweifelt nach einem neuen Partner und vertreibt alle Kandidaten, weil diese die Verzweiflung riechen. Nach weiteren zwei Wochen hat man die Nase voll. Man beginnt die Stille zu genießen. Keiner spielt mehr Techno. Endlich ist dieser blöde Sportwagen aus der Garage. Beim Frühstück ungestört Zeitung lesen. Abends die Soap-Opera ohne bissige Kommentare anschauen. Und plötzlich ist alles nicht mehr so schlimm. Man hat die Vorteile des Single-Daseins entdeckt. Man hat gelernt, damit zu leben. Man muss nicht länger einen neuen Partner finden. Und weil der Zwang weg ist und man wieder so locker und sympathisch ist wie früher, findet man, ratzfatz, ganz schnell wieder einen.

Was Hunderttausende Stroh-Singles auf der ganzen Welt ganz unbewusst machen – und was uns täglich bei anderen Gelegenheiten ebenso unbewusst passiert – können wir auch ganz bewusst einsetzen. Dann dauert der Katzenjammer nicht fünfmal zwei Wochen! Statt in einer Situation das Hinderliche, Blöde, Stressige, Unabänderliche zu sehen, und uns dadurch selbst zu sabotieren, können wir den Blick sofort auf etwas richten, das uns weiterbringt. Man nennt das Reframing: Das Bild (der Sachverhalt) bleibt dasselbe, wir wechseln nur den Rahmen (frame), also den Blickwinkel. Wenn uns etwas stinkt, demotiviert, frustriert oder aufhält, wie zum Beispiel das Budget aufstellen,

Hemden bügeln, eine Rede vor 200 Leuten halten oder eine Aufgabe angehen, die noch nie ein Mensch zuvor angegangen ist, dann ist nicht die Aufgabe blöd, demotivierend oder frustrierend, sondern ein ganz gewisser Aspekt daran:

«Budget ist doof – ich hasse Zahlen!»

«Bügeln ist blöd – total stupide Arbeit.»

Doch eine Aufgabe, ein Ereignis oder ein Mensch hat nie nur eine Eigenschaft. So eindimensional ist das Universum nicht, leider oder zum Glück. Ein einziges Ding hat immer viele Eigenschaften. Uns regt oder hält meist nur eine oder einige wenige Merkmale einer Sache oder eines Menschen auf: «Allein sein! Pff, was fang ich mit mir an?» Dieser negative Tunnelblick verhindert den Erfolg. Sobald der Tunnelblick auf das fällt, was einen aufbaut («Herrlich, diese Stille!»), wendet sich langsam aber sicher alles zum Guten. Man nennt diese Art Fokuswechsel:

## Content-Reframing

Content ist englisch und steht für Inhalt. Content-Reframing hat nichts mit plattem positivem Denken zu tun, wie es oft missverstanden wird. Es geht mir eigentlich dreckig, aber ich sage mir: «Es geht mir gut!» Das glaubt der innere Skeptiker nie. Man soll sich nicht selbst für dumm verkaufen. Man muss schon so lange suchen, bis einem eine überzeugende Eigenschaft an der fraglichen Sache auf- und einfällt. Das ist nicht immer einfach. Manchmal ist man wie vernagelt und kann sich nicht vorstellen, wie man aus einem Unglück einen Vorteil gewinnen kann. Aber er ist da, immer. Man muss ihn nur ausdauernd genug suchen.

Wer sich nicht unterkriegen lässt, findet selbst in scheinbar ausweglosen Situationen noch einen Frame, der zum Erfolg führt. Der beste Verkäufer einer Firma wurde zum Verkaufsleiter ernannt. Das Schlimmste, was ihm passieren konnte. Er war Verkäufer mit Leib und Seele. «Führungskram» war ihm verhasst. Als ihn ein halbes Jahr nach seiner Beförderung ein alter Schulkamerad überaus erfolgreich in seinem verhassten Job fand, fragte er verdutzt: «Ich denke, du hasst den ganzen Psychoquatsch bei der Führung?»

Darauf die frischgebackene Führungskraft: «Aber ich mache keinen Psychoquatsch. Führen ist nichts anderes als Verkaufen auch. Früher habe ich Produkte verkauft, jetzt verkaufe ich Konzepte, Verkaufsziele und neue Ideen!» Und da er ein guter Verkäufer war, «verkauft» er auch seinen Mitarbeitern gut. Er weist nicht an, sondern überzeugt sie, bis sie das «Produkt» selbst nachfragen.

Als der Texter einer Agentur plötzlich zum Kreativleiter ernannt wurde, war er völlig überrollt. Bis er entdeckte, «dass das überhaupt nichts Neues ist. Ich versuche immer noch, die richtigen Worte zu finden. Jetzt eben in Verhandlungen, Konzepten und Verträgen. Da ist kein prinzipieller Unterschied.» Oft erscheinen uns Außenstehenden diese Reframings als willkürlich und erzwungen. Aber darauf kommt es nicht an. Es kommt darauf an, ob sie subjektiv glaubwürdig sind. Ob der Reframende voll und ganz daran glaubt – und welchen Effekt das Reframing hat. Alles, was mich von einem Superverkäufer zu einer Superführungskraft macht, muss wohl richtig sein. Ein Reframing dreht Menschen oft um 180 Grad um. Es wendet ihre Einstellung, ihre Motivation und ihr Schicksal. Wer den richtigen Frame hat, kann alles erreichen. Wer den falschen im Kopf hat, braucht es gleich gar nicht zu versuchen. Erfolg beginnt im Kopf.

Als 1997 die Börse eine Talfahrt einlegte, sprangen die Kleinaktionäre verängstigt ab. Alle hatten den Frame im Kopf: «Jetzt geht's bergab!» Nur Peter kaufte wild: «Wann kriegt man schon mal so günstig IBM, Coke und Microsoft? Und wann blieben die schon mal länger als einen Monat unten?» Inzwischen sind die Kurse wieder oben. Welches war der bessere Frame?

Evelyn war auf dem Weg zu einer Präsentation, als ihr Wagen mitten in der Pampa liegen blieb. Sie wusste, dass sie den Auftrag und wahrscheinlich ihren gut bezahlten aber feuergefährlichen Topmanagerinnen-Job verlieren würde, wenn sie nicht gegen ihre Mitbewerber präsentieren konnte. Sie erzählt: «Ich sagte mir: Ich kann denken, dass dies das Ende meiner Karriere ist. Ich kann aber auch denken: Wenn ich dieses Desaster cool überstehe, meinen Humor nicht verliere und vielleicht einen passablen Ausweg finde, wirft mich nichts mehr um. Dann bin ich aufs Schlimmste vorbereitet.» Ihr cholerischer Chef feuerte sie tatsächlich. Aber sie stand auf wie ein Stehaufmännchen. Es war nicht das Ende ihrer Karriere. Im Gegenteil. Sie war vorbereitet. Reframing kann vielleicht nicht den heutigen Erfolg garantieren, aber den morgigen. Menschen, die permanent gut gelaunt sind, haben kein Glücksgeheimnis. Sie haben einen Reframing-Autopiloten im Kopf: Allem, was ihnen passiert, gewinnen sie automatisch die beste Seite ab. Gehen wir einen Schritt weiter im Reframing und schauen wir uns einige Beispiele an:

Thomas findet seine Partnerin grässlich eifersüchtig und leidet unter ihren ständigen Nachstellungen.

Susi ist furchtbar nachtragend. Wer ihr einmal krumm kam, den schneidet sie monatelang.

Peter ist ein ziemlicher Pedant. Sein Chef sagt über ihn: «Am liebsten würde der jede Schraube einzeln nachziehen – und das am besten zweimal.»

Luises Agentur erlebt gerade einen Umsatzeinbruch sondergleichen. Sie fürchtet um ihre Existenz.

Und hier beginnt normalerweise der Abstieg zur Hölle. Peter zum Beispiel weiß, dass er es zu genau nimmt. Sobald er länger als zwanzig Minuten an einer Maschine repariert, bekommt er deshalb ein schlechtes Gewissen. Er will genau sein, aber er darf es nicht. Er möchte, aber er sollte nicht. Dieser ständige Zwiespalt macht ihn nervlich fertig. Inzwischen hasst er seinen einstmals geliebten Job. Er kämpft gegen seine Pedanterie. Aber je stärker er dagegen ankämpft, desto stärker bricht sie durch. Actio = Reactio. Wir kennen das von allen Gewohnheiten, gegen die wir kämpfen, wie Rauchen, Faulenzen, nicht Aufräumen, Termine vertrödeln, Mitarbeiter zur Schnecke machen. Je stärker wir dagegen kämpfen, desto stärker brechen sie in unkontrollierten Augenblicken durch. Jedes Mal, wenn wir denken: «Du sollst doch nicht!», wird es nur noch schlimmer mit der Angewohnheit. Es wird richtig zwanghaft. Kampf ist Krampf. Kampf führt nicht zu Veränderungen, sondern zu Zwangshandlungen.

Irgendwann sagt Peter: «Okay, ich bin ein Pedant. Und wissen Sie was? Ich bin es gerne, weil ich eben so bin. Immerhin bin ich der Einzige in der Arbeitsgruppe, der für extreme Detailarbeiten einsatzfähig ist. Aber ich bin nicht immer so. Ich kann auch mal fünfe grade sein lassen.» Sobald man nicht mehr kämpft, und damit Veränderung verhindert, sondern sich mit dem Bekämpften aussöhnt, wird Veränderung möglich. Das ist auch eine Art von Content-Reframing:

*Entdecke im Bekämpften, Unangenehmen oder Bedrohenden das, was dir nützt, und versöhne dich mit dem Bekämpften.*

Sobald man sich mit dem Bekämpften versöhnt, wird es nicht länger zur Zwangshandlung. Peter muss jetzt nicht mehr Erbsen zählen. Er kann es auch bleiben lassen, weil er jetzt weiß, dass es okay ist.

Thomas findet seine Partnerin nicht mehr eifersüchtig, sondern sieht nun, wie sehr er ihr am Herzen liegt, und nimmt mehr Rücksicht. Er provoziert nicht mehr ihre Eifersucht mit unnötigen Flirts.

Susi akzeptiert, dass sie nachtragend ist. Sie weiß, dass sie eben ein besseres Gedächtnis als viele hat und sich ganz einfach vor neuen Enttäuschungen schützen will. Und das ist ganz normal. Seit sie das weiß, weiß sie auch, wie stark sie sich schützen muss, und kann kleinere «Vergehen» schon mal rasch vergeben.

Luise fürchtet nicht länger um ihre Existenz. Sie weiß, dass sie für ein Jahr Reserven hat und in diesem Jahr endlich etwas für ihre eigene Weiterbildung tun kann, die in Hochkonjunkturzeiten gelitten hat. Und mit der neuen Qualifikation kommen auch neue Umsatzchancen.

Ferdinand ist ein grässlicher Kontrolletti. Je stärker er sich befiehlt: «Sei nicht so misstrauisch!», desto stärker kontrolliert er seine Mitarbeiter. Actio = Reactio. Und so lange, wie er den Frame «Kontrolletti ist schlecht!» beibehält, so lange wird er einer bleiben. Irgendwann macht er eine erstaunliche Entdeckung. Einige seiner Mitarbeiter, vor allem die genialen Chaoten, sind ihm echt dankbar, wenn er sie auf Übersehenes aufmerksam macht. Einige andere Mitarbeiter gehen an die Decke, sobald er ihnen nur über die Schulter schaut. Also ist der Kontrolletti nicht a priori schlecht, solange Ferdinand weiß, wo, wann und bei wem er es sein darf. Das, was Ferdinand unbewusst macht, kann man auch bewusst machen. Dann geht's schneller, und man muss nicht auf die geniale Erleuchtung warten:

## Context-Reframing

Einige der erfolgreichsten Designer und Manager sind als «faule Hunde» bekannt. Sie grämen sich deshalb nicht, denn sie können reframen. Sagt eine Agenturchefin: «Ich bin total faul. Es gibt Wochenenden, da hänge ich auf der Hollywoodschaukel und bewege mich nur, wenn ich frisches Eis für die Limo brauche.» Im Gegensatz zu ihren ausgebrannten Kolleginnen und Kollegen kann sie entspannen. Eine göttliche Gabe, wenn man bedenkt, dass drei Viertel der Bevölkerung über stressbedingte Störungen klagen.

Evi macht sich Vorwürfe, weil sie ab und an ihr Kind anbrüllt. «Bin ich eine Rabenmutter?» Nein, jede Mutter darf ihrem Kind hinterherbrüllen, wenn sie es blind über die Straße rennen sieht. Im Gegensatz zu Susi hat Evi nämlich die Fähigkeit, ihre Überreaktion situationsgerecht einzusetzen (wo, wann, bei wem, s. o.). Sie weiß, wann sie brüllen muss und wann nicht. Susi brüllt schon, auch wenn der Kleine nur das Eis auf den Gehweg fallen lässt. Susi kann das Brüllen nicht reframen.

Jede Eigenschaft ist nützlich – im richtigen Zusammenhang. Die Frage ist lediglich: Bin ich in der Lage, den richtigen Kontext zu erkennen? Weiß ich, wann ich die Eigenschaft einschalten muss und wann ausknipsen? Zweifel zu haben, ist wunderbar – wenn ich weiß, wann ich sie nutzbringend haben darf. Schwarzsehen ist ein Segen in jeder Projektfrühphase. Er fordert einen heraus, Sicherungen gegen Eventualitäten einzubauen. Jede Ihrer Macken, die Sie extrem dämlich finden, ist ein wahrer Segen – wenn Sie wissen, wann Sie sie einsetzen können. Reframen Sie den Kontext. Wie? Durch Bewusstheit und Training. Achten Sie einfach darauf, wann die fragliche Eigenschaft Segen bringt und wann nicht. Fragen Sie sich: War das eben situativ gerechtfertigt oder zwanghaft? Achtsamkeit entwickelt sich über zwei Reifegrade. Zuerst werden Sie sich dabei ertappen, wie Sie die Eigenschaft in der falschen Situation anwenden. Dann werden Sie es bemerken, bevor Sie die Eigenschaft in der falschen Situation anwenden. Sobald Sie den zweiten Reifegrad erreicht haben, können Sie das Umschalten auf eine situativ gerechtfertigte Verhaltensweise trainieren. Sie kennen ja jetzt die Trainingsschwelle (siehe oben, sieben plus/minus zwei, Seite 85).

Wenn Sie sich nicht damit abfinden, die Dinge so zu sehen, wie sie scheinbar sind, werden Sie einige Entdeckungen machen. Manchmal fällt uns der Reframe ganz spontan ein: «Ach, so schlimm ist das nicht, weil ...» Manchmal sind wir völlig vernagelt: «Also daran kann ich nun wirklich nichts Gutes entdecken.» Es ist aber da. Und je öfter man vorher an relativ belanglosen Alltags-Frames geübt hat, desto leichter fällt einem auch das Reframing, wenn einem das Wasser bis zum Hals steht. Außerdem gibt es Techniken, die Denkblockade aufzulösen. Erinnern Sie sich an eine Situation, der Sie beim besten Willen nichts Positives abgewinnen konnten: Beinbruch, Job verloren, Projekt gefloppt ... Die Auswahl fällt wohl keinem von uns schwer. Das war nur noch schlimm und ohne jeden Vorteil. Und nun drehen Sie den Spieß um. Wenn jemand anderes in dieser Situation ist, fällt uns sofort etwas Positives ein. Beinbruch? «Da hast du endlich mal Zeit, deine Buchecke durchzuschmökern.» Komisch, bei anderen Leuten fällt uns der Reframe sofort ein. Und das ist das Rezept. Eigentlich lassen sich daraus gleich mehrere Rezepte ableiten. Wenn Sie in einer Situation feststecken und einfach keine konstruktive Einstellung dazu finden:

1. Fragen Sie einfach einen Vertrauten nach dem Reframe: Fällt dir dazu was Positives ein?
2. In Ermangelung eines guten Freundes: Seien Sie sich selbst der beste

Freund: Was raten Sie sich selbst? Dieses Rezept setzt jedoch große Reife voraus. Denn wenn man total vernagelt ist, ist man sich meist kein guter Freund. Man lässt sich selbst hängen.

3. Deshalb ist die Dissoziation (siehe Seite 101) nützlich. Wenn Sie sich selbst nicht raten können, brauchen Sie Abstand von sich selbst und vom Problem, das die Blockade auslöst. Stellen Sie sich einfach vor, nicht Sie hätten das Problem, sondern jemand anders: Was würden Sie ihm raten? Diese einfache Dissoziationsübung funktioniert oft erstaunlich gut.

Oder holen Sie sich Ihren Ratgeber einfach vor das geistige Auge und Ohr: Was würde Ihnen eine fiktive oder reale Ratgeberperson in dieser Situation raten? Die Indianer haben dafür ihren *Guiding Spirit,* ihren inneren Führer. Oma Müller sagt immer: «Opa Müller würde jetzt sagen …» Opa Müller ist seit zehn Jahren begraben. Und vielleicht hat er das auch nie gesagt. Aber für Oma Müller ist er die Stimme der Vernunft, die sie jetzt am nötigsten braucht, wo sie total blockiert ist und selber nicht auf einen Reframe kommt.

## Wer Gutes sucht, wird Gutes finden

Was halten Sie von Reframing? Die meisten Menschen, mit denen wir darüber reden, verstehen die Technik spontan. Leuchtet ja auch ein: In allen Situation, vor allem den belastenden, sich gedanklich nicht in die negativen Aspekte der Situation verbeißen (sie auch nicht ignorieren), sondern ganz bewusst auf die positiven Aspekte fokussieren! Dass das hilft, versteht jeder – bis es richtig kracht.

Gerd zum Beispiel sagt: «An allem die positive Seite sehen – ja, das verstehe ich schon. Das leuchtet mir ein. Aber als mein Chef mich heute Morgen anbrüllte und mein Blutdruck an die Decke ging, da habe ich bloß noch gedacht: Und was soll daran nun gut sein? Wenn mein Chef mich fertigmacht, dann gibt es nix, was irgendwie gut daran ist!»

Zunächst: Wie Gerd reagiert, ist absolut verständlich und nachvollziehbar. Er begeht lediglich ganz unbewusst einen ebenso menschlichen Irrtum: Er glaubt, Reframing sei leicht. Das ist es nicht. Sich vom Chef anbrüllen, vom Liebeskummer übermannen oder vom eigenen Kind frech anmachen lassen, sich dabei wie der letzte Dreck vorkommen und den Katastrophenfilm im Kopf anlaufen lassen ist viel, viel leichter! Das ist nicht die Frage. Die Frage ist: Wollen wir das? Wollen wir ein leichtes und bequemes Leben? Wollen wir leicht und bequem auf alles Belastende hereinfallen, was uns aufgedrängt wird? Oder wollen wir ein gutes, glückliches, erfülltes und vor allem erfolgreiches Leben – das ab und an etwas Arbeit macht? Was wählen Sie?

Gerd wählt das gute Leben – was sein Problem nicht löst: «Ich weiß immer noch nicht, was die positive Seite an meinem brüllenden Chef ist.» Doch dann hat er einen Gedankenblitz, den Sie getrost auf alle schwierigen Situationen übertragen können: Wenn Ihnen kein Reframe zu einer Situation einfällt – reframen Sie die Situation selbst!

Gerd dachte bislang immer: «Der Chef brüllt – oh Gott, was soll daran positiv sein?» Für ihn bedeutete ein brüllender Chef bislang: unlösbares Problem. Heute sagt sich Gerd: «Der Chef brüllt – also lautet meine Aufgabe: Wo finde ich selbst daran noch was Positives?» Sein Reframing hat aus einer unlösbaren Aufgabe eine Herausforderung gemacht. Das haut immer hin. Wenn Sie für eine Situation keinen neuen Rahmen finden, liegt das meist daran, dass Sie die Situation selbst zwar unbewusst, aber sehr wirksam als «unlösbar» gerahmt haben. Reframen Sie eine Herausforderung daraus! Damit haben Sie das «unlösbare» Problem noch nicht gelöst. Aber Sie haben ein lösbares Problem daraus gemacht.

Sobald er diese Denkblockade beseitigt hat, fallen Gerd jede Menge Reframes zu seinem brüllenden Chef ein:

- «Wenigstens muss ich so einen Brüllaffen nicht auch noch nach Feierabend ertragen.»
- «Einige Kollegen hat er heute auch angeschrien. Es geht also gar nicht speziell gegen mich.»

- «Ich habe mich heute danach viel schneller beruhigt als sonst. Irgendwann lassen mich seine Schreiattacken völlig kalt.»
- «Irre, wie mein Adrenalin hochgeht, wenn er so schreit. Das ist zwar belastend, aber irgendwie auch belebend. Danach bin ich immer putzmunter.»
- «Er brüllt, also geht es ihm gut. Choleriker brauchen das.»
- «Interessant, wie sich die Äderchen auf seiner Nase weiten, wenn er rumbrüllt.»

Zugegeben, manche von Gerds Reframings mögen Ihnen und uns etwas seltsam vorkommen. Ihnen und uns würden solche Gedanken möglicherweise nicht viel helfen. Doch Gerd helfen sie. Und das ist das Entscheidende: Jeder muss eigene Gedanken finden, die ihn helfen! Wer in Stresssituationen den erstbesten Gedanken folgt, kommt nicht raus aus dem Loch. Wer dagegen weiterdenkt, kommt weiter. Wenn Sie weiterdenken, falls der Chef Sie anbrüllt, denken Sie vielleicht andere Dinge als Gerd. Aber eines ist gewiss: Allein das Weiterdenken hilft.

Der italienische Schriftsteller und Philosoph Ignatio Silone sagte dazu: «Wir sollten die Welt so nehmen, wie sie ist. Aber nicht so lassen.» Die Welt versucht oft absichtlich oder unabsichtlich, uns ihre Wertungen und Frames aufzudrücken. Wenn wir diesen folgen, sind wir auf Gedeih und Verderb einem oft genug willkürlichen Schicksal ausgeliefert, eine Fahne im Wind. Brüllt der Chef, fühlen wir uns schlecht. Grüßt er freundlich, fühlen wir uns gut. Wollen Sie derart abhängig sein von anderen?

Wenn die Welt sich nicht nach Ihren Wünschen verhält, können Sie entweder schmollen – oder wie ein Weltmeister reframen! Wenn wir dem Belastenden in der Welt einen guten Rahmen verpassen, bringt uns das immer weiter. Selbst dann, wenn das Essen total versalzen ist.

Ist zum Beispiel Natalie passiert. Sie hatte einen stressigen Tag. Sie wollte sich mit etwas Besonderem verwöhnen. Sie hat für sich und ihren Liebsten eingekauft. Sie stand eine Stunde in der Küche. Sie servierte das Essen – total versalzen: «Ich hätte am liebsten auf der Stelle losgeheult. So ein bescheuerter Tag! Und dann auch noch das! Doch ich wusste: Wenn ich jetzt losheule, höre ich heute Abend nicht mehr auf. Und dafür ist mir mein Leben zu schade. Ich lebe nicht ewig. Ich kann und möchte mir durchgeheulte Abende nicht mehr leisten.» Also reframte sie. Wie? Was? Damit Sie in Übung kommen – denn Reframing ist reine Übungssache: Wie hätten Sie die versalzene Situation umgedeutet? Denken Sie ein wenig nach, bevor Sie sich an den Reframes von einigen Seminarteilnehmerinnen und Teilnehmer delektieren:

- «Wenn das Essen versalzen ist, esse ich schon nicht viel – tut meiner Figur gut.»
- «Prima, dann gehen wir zum Italiener! Unter Leuten vergesse ich meinen Ärger sowieso schneller.»
- «Essen als Frustbremse ist gut. Mit dem Partner kuscheln ist besser.»
- «Ich unterhalte mich sowieso lieber bei Tisch. Das Essen ist nicht so wichtig. Und beim Kochen habe ich mich sowieso schon etwas beruhigt.»

## Das Münchhausen-Prinzip

Man mag von der Bibel halten, was man will: Über Reframing steht jedenfalls eine Menge drin. Zum Beispiel, dass das Leben voller Versuchungen ist.

Die größte Versuchung liegt unserer Meinung nach darin, den Deutungen aufzusitzen, die uns mehr oder weniger aufgedrängt werden: Schlank ist schön, reich ist gut, gewissenlos ist erfolgreich … Wenn der Chef mich anbrüllt, muss ich mich mies fühlen. Wenn das Essen versalzen ist, ist das eine Katastrophe. Die große Versuchung liegt darin, diese Bedeutungszuordnungen blind und unkritisch zu schlucken – und sich dann mies zu fühlen, vom Erfolgsweg abzukommen, ein unbefriedigendes Leben zu führen. Wir können auch anders.

Wir können uns hier und heute vornehmen, dass wir der Versuchung widerstehen, uns nicht der Diktatur der aufgezwungenen Frames beugen werden. Wer die «Terminator»-Trilogie im Kino gesehen hat, erinnert sich an ein Leitmotiv: *No other fate but what we make.* Was unser Schicksal ist, das bestimmen wir schon selber. Dazu müssen wir es selber in die Hand nehmen.

Das ist eine Frage der Selbstverantwortung. Oder wenn Ihnen das Wort zu viel Druck macht (was auch ein Frame ist): Es ist eine Frage der Gestaltungsfreiheit: Wie viel gestalten Sie selbst in Ihrem Leben? Welche Freiheit nehmen Sie sich? Sind Sie Fahrer oder Beifahrer auf der Fahrt Ihres Lebens?

Eine gute Bekannte, zweimal geschieden, erster Mann prügelte, zweiter ging fremd, stressiger Job, oft kranke Kinder, sagte mal: «Wenn es wieder besonders dicke kommt, wenn alles mies ist und nichts mehr funktioniert – », dann sitzen die meisten Menschen da und erliegen der Versuchung, das zu denken, was ihnen die Situation an Gedanken förmlich versucht, in den Rachen zu stopfen: «Alles mies, nichts funktioniert.» Wer dieser Gedankenversuchung erliegt, dem geht es danach richtig mies (zusätzlich zur miesen Situation).

Die Bekannte dagegen widersteht dieser offensichtlichen Versuchung: «Wenn nichts mehr funktioniert, trete ich erst mal auf die Bremse, tue gar nichts mehr, denke auch nichts mehr außer: Wo ist noch irgendwas, was gut ist? Was halbwegs hinhaut? Worüber ich mich freuen kann? Und daran richte ich mich wieder auf. Wenn ich das nicht tue, lande ich früher oder später in der Klapse. Ich muss mich selber wieder aufrichten. Das bin ich mir schuldig.»

Das ist das Münchhausen-Prinzip: Es ist schön, wenn uns jemand aufrichtet, wenn der Chef nicht brüllt, wenn das Essen nicht versalzen ist. Doch wenn das alles nicht passiert, können wir uns am eigenen Schopf aus dem Sumpf ziehen. Wir müssen nur wollen. Und mit der Lupe nach den positiven Aspekten der Situation suchen. Wir garantieren Ihnen hier und schriftlich: Wenn Sie suchen, werden Sie immer welche finden.

## Chef im eigenen Kopf

Der Mensch ist die Krone der Schöpfung. Wir machen, was wir wollen. Wir denken: «Tanken?», und wir gehen tanken. Wir denken: «Da muss ich jetzt aber mal auf den Tisch hauen!» Hirn an Faust: «Draufhauen!» Faust haut drauf. Wir tun, was wir wollen.

Doch wenn dem so ist: Warum liege ich dann nachts wach und kann nicht einschlafen, obwohl ich es will? Warum kann ich mich nicht mit meinem Partner vertragen, obwohl ich es so sehr will und immer wieder versuche, und breche immer wieder irgendeinen dummen Streit vom Zaun? Warum kann ich nichts gegen mein Lampenfieber tun? Warum bin ich oft ausgerechnet dann schwunglos und wenig motiviert, wenn ich eine große Aufgabe anpacken oder meine Mitarbeiter mitreißen soll? Warum schaffe ich es einfach nicht, mich dauerhaft und gründlich vom Erfolgsdruck zu befreien? Warum macht der Job nicht mehr den Spaß, den er vor zwanzig Jahren machte, obwohl ich mir nichts sehnlicher wünsche?

Wer denkt, dass er macht, was er will, denkt eben nur, dass er macht, was er will. Im Grunde macht unser Hirn, was es will. Oder was es irgendwann von irgendwem aufgeschnappt hat. Es gibt Menschen, die entwickeln Flugangst, nur weil sie einen TV-Film über Flugzeugabstürze sahen. Der TV plappert vor, unser Hirn plappert nach. Wenn heute Abend das TV-Gesundheitsmagazin «Praxis» über Anzeichen von Herzinfarkt berichtet, «steigt morgen die Zahl der ambulanten Patienten mit ‹Anzeichen von Herzinfarkt› um das Dreifache», sagt ein Internist. Nach jeder UFO-Sendung steigt die Zahl der Sichtungen. Warum haben so viele Menschen Angst vor dunklen Tiefgaragen? Doch nicht, weil sie selbst schon mal überfallen wurden. Das haben sie aufgeschnappt. Wir haben Bammel vor Projekten mit dem Kunden X, weil irgendein Kollege mal sagte: «X? Böser Finger!» Und prompt gehen auch wir baden: *Self-Fulfilling Prophecy*. Unser Gehirn ist ein seltsamer Zeitgenosse. Es sammelt alles auf, was am Wegrand liegt. Und in achtzig Prozent der Fälle eben nicht die Gänseblümchen, sondern die Disteln (weil wir so erzogen wurden, siehe Kapitel 5).

Wenn wir eine neue Aufgabe anpacken und unseren ganzen Mut, eine Topmotivation und eine unerschütterliche Zuversicht bräuchten, streut unser Gehirn Zweifel, Ängste, Befürchtungen und Ausreden. Wie lange wollen wir das noch dulden? Wollen wir das wirklich? Wollen wir wirklich denken: «Dieses Umsatzziel ist unerreichbar», und zuschauen, wie es andere Kollegen erreichen, um es dann auf unsere «blöden Kunden» zu schieben? Soll unser Hirn abspielen, was es will oder was wir wollen?

Mein Hirn gehört mir? Dann muss ich es mir erst mal aneignen. Wir sind nicht Chef im eigenen Hirn, so seltsam das klingt. Man wird nicht als Chef geboren, man muss es erst werden. Wie? Durch Bewusstheit und Training. Schauen Sie bewusst hin: Was wird hier gespielt? Das, was ich will? Gefällt mir, was ich höre und sehe? Oder muss ich einen neuen Film drehen? Das ist harte Arbeit, wie Ihnen jeder Regisseur bestätigen kann. Alles beim Alten zu lassen, macht keine Arbeit. Es ist wie beim Tennis. Irgendwann kann ich den Topspin-Lob – wenn ich es wirklich will und den Schlag zweihundertmal schlage. Die Frage ist: Ist es mir das wert? Preis und Nutzen (siehe Kapitel 2).

Unser Geist ist ein Unruhegeist. Wir leben in der Annahme, dass unser Kopf uns so unterstützt wie unsere Hand. Wenn wir «aufmachen» befehlen, geht die Hand auf. Doch wenn wir «Topspin-Lob» befehlen, haut sie den Ball in die Botanik, weil sie den Schlag nicht beherrscht. Tatsächlich unterstützt uns unser Kopf genauso schlecht wie unsere Hand: Was er nicht sieben plus/minus zweimal trainiert hat, beherrscht er nicht. Und wie es keinen Tennisspieler gibt, der jemals ausgelernt hat – Boris Becker hatte erst in späten Jahren den Linien-Kurvenball drauf – so gibt es keinen Menschen, der jemals als Chef im eigenen Hirn ausgelernt hat. Wer mit 95 auf dem Sterbebett sagt: «Ich hätte meinem Kopf noch so viel beibringen können!», hat nicht versagt, er hat gewonnen. Kopftraining ist wie Tennistraining: eine Lebensaufgabe. Es hört nie auf. Aber es ist nicht annähernd so schweißtreibend wie Tennistraining.

Um den Kopf zu trainieren, muss man nicht auf den Tennisplatz gehen. Wir können, was wir denken, jederzeit beobachten und trainieren. Nachts um vier schlaflos im Bett. Mittags um zwei im Aufzug: «Was geht hier ab? Was läuft hier? Gefällt mir das? Wie sieht der richtige Film aus?» Wer Tennis spielt, kann nebenher keine Akten ablegen. Doch Kopftraining geht quasi nebenher. Während ich meine Mitarbeiter führe, denke ich: «Moment mal, was geht hier eigentlich ab? Was tue ich denn da?» Diese Selbstbeobachtung geht mit der Zeit ganz automatisch, unbewusst. Und auch das Training geht quasi nebenher. Selbstbeobachtung und Training werden zur zweiten Natur, quasi zum Instinkt. Ich werde zum wohlwollenden, geduldigen, wachsamen und konstruktiven Beobachter und Trainer meiner selbst – die Grundlage für jeden Erfolg.

*«Was ein Mensch tut und was ihm guttut,*
*sind zwei verschiedene Dinge.»*
Charles Handy

*«Im Alter von 36 Jahren entdeckte ich, dass das meiste, was mir Eltern, Schule und Ausbilder vermittelt hatten, falsch ist.»*
E. F. Schumacher

# 5 Die Antreiber

## Die Desaster-Software im Kopf

Wir müssen von der Vorstellung Abschied nehmen, dass unser Kopf perfekt funktioniert. Irgendwie glauben wir das ja immer noch. Doch oft funktioniert unser Kopf nicht besser als unser PC.

Wenn es wirklich darauf ankommt, stürzt die Software ab. Jeder von uns erinnert sich an mindestens einen dieser Superabstürze. Die erste Fahrt nach dem Führerschein: Papa sitzt daneben, und wir würgen die Karre an der Ampel ab – obwohl wir das vorher hundertmal perfekt konnten. Die Abitur- oder Diplomprüfung: So gut vorbereitet – und plötzlich war alles weg. Die Tanzstunde, das erste Vorstellungsgespräch, das letzte Gespräch mit dem Chef, das letzte Kundengesprächsdesaster oder die letzte Horrorpräsentation …

Peinliche Erlebnisse.

Doppelt peinlich. Denn erstens macht man sich vor Publikum zum Idioten, und zweitens sind diese Desaster völlig unnötig. Man kommt gut vorbereitet. Man weiß, dass man sich auf seinen gesunden Menschenverstand und seine kommunikativen Fähigkeiten verlassen kann, wie man sich schon tausendmal darauf verlassen hat. Und trotzdem. Plötzlich geht das Licht aus. Blackout. Leere im Kopf. Man redet Unsinn, macht die dümmsten Anfängerfehler und schießt ein Eigentor nach dem anderen. Was ist passiert?

Die Software ist abgestürzt. Solche Systemabstürze passieren täglich, wenn auch nicht mit denselben Folgen wie beim letzten Krach mit dem Chef oder bei der ersten Vorstellung. Man weiß es eigentlich besser. Vorher. Und nachher. Aber genau dann, wenn es darauf ankommt, herrscht Blackout. Es ist, als ob das Gehirn im entscheidenden Moment abschaltet. Als ob sich der gesunde Menschenverstand verabschiedet und plötzlich eine Desaster-Software aktiviert wird, die dafür sorgt, dass wir exakt das Falsche denken, sagen und tun.

In einem Unternehmen wird die EDV fürs Jahr 2000 fit gemacht. Einige Programme werden ausgewechselt. Franz ist total im Stress. Er klagt: «Die spinnen, die da oben! Als ob wir nicht genug Arbeit hätten. Jetzt müssen wir auch noch die Handbücher für die neuen Programme wälzen!» Der Vorgesetzte von Franz macht zusätzlich Druck: «Kommen Sie in die Gänge! Lesen Sie keine Handbücher, machen Sie Ihre Arbeit!» Franz ist total empört: «Wie stellen die sich das denn vor?» Eine ganz normale Situation des täglichen Bürowahnsinns, könnte man meinen. Stress, Hektik, Druck und unmögliche Zielvorgaben bestimmen die Tagesordnung. Wer hier nicht gestresst reagiert, ist krank. Tatsächlich? In einem ganz anderen Licht erscheint diese Situation, wenn wir Eva beobachten, die Kollegin von Franz. Sie versteht die ganze Aufregung nicht: «Mach dir doch keinen Stress! Schmeiß das Handbuch weg! Du klickst das Icon an und dann läuft das. Das ist nicht viel anders als das alte Programm auch.» Erstaunlich, nicht?

Die *Situation* ist dieselbe, doch Franz hat Stress, während Eva cool bleibt. Das ist allerdings eine Offenbarung: Stress passiert nicht, Stress wird *gemacht*. Stress steckt nicht in der *Situation*, die wir erleben, sondern in der *Reaktion*, mit der wir darauf reagieren. Franz macht sich sozusagen seinen Stress selbst. Indem er völlig unnötige Tätigkeiten unternimmt und sich dadurch unter Zeit- und Erfolgsdruck setzt. Und das Tollste dabei ist noch: Hinterher erkennt Franz das selbst! «Bin ich eigentlich bescheuert? Ich habe doch auch noch nie ein Windows-

Handbuch gelesen! Das erklärt sich doch von selbst!» Was ist passiert? Was hat bei Franz die falsche Reaktion ausgelöst? Die Desaster-Software in seinem Kopf. Antreiber heißen diese Sabotageprogramme im Psychologendeutsch der Transaktionsanalytiker. Das Antreiber-Modell geht auf Eric Berne zurück.

## «Be perfect!»

Der Antreiber von Franz heißt «Be perfect!», Sei perfekt! Es ist ein Autopilot, der aktiviert wird, sobald wir verunsichert werden. Diese Autopiloten sind ganz nützliche Programme. Stellen Sie sich vor, Sie hätten fürs Kuppeln im Auto keinen Autopiloten! Schrecklich, wenn man jedes Mal bewusst daran denken müsste. Schrecklich auch, wenn sich der Kupplungs-Autopilot einschalten würde, wenn wir mit unserem Partner im Bett liegen. Peinliche Situation. Aber genau das macht «Be perfect»! Er schaltet sich zu den unmöglichsten Gelegenheiten ein.

Wie unnötig der Autopilot war, sieht man oft an den Reaktionen der Umwelt – hinterher, wenn es zu spät ist! Franz hat zum Beispiel seinen zwanzigseitigen Messebericht extra am Wochenende geschrieben. Seine Frau war ganz schön sauer: Beziehungsstress, Zeitstress, emotionaler Stress. Am Montag sagt sein Chef: «Warum muss das immer so umständlich sein? Wann soll ich das lesen?» Die ganze Arbeit für die Katz. Eva übrigens reichte eine einzige A4-Seite ein. Chefkommentar: «Kurz und knapp, Frau Meier, gut so.» Hinterher schlägt Franz die Hände überm Kopf zusammen. Warum hat er das gemacht? Was trieb ihn dazu? Der Antreiber «Be perfect!» treibt ihn dazu. Er sorgt dafür, dass Franz in bestimmten Situationen falsch reagiert. Der Antreiber ist ein Programm, das wir uns so früh angeeignet haben, dass wir uns nicht mehr bewusst daran erinnern.

Wenn Heike vom Kindergarten heimkommt und ihr selbst gemaltes Bild voll Stolz der Mama zeigt, sagt Mama: «Was für ein schönes Bild! Aber mal das Dach schwarz oder rot, nicht blau. Und der Schornstein ist auch schief.» Eine verhängnisvolle Äußerung. Kleine und große

Menschen leben von Anerkennung und Zuwendung. Am besten gedeihen sie und werden zu großen, starken, einfühlsamen und selbständig denkenden Zeitgenossen, wenn sie bedingungslose Zuwendung erhalten: «So wie du bist, bist du wunderbar. Wir akzeptieren und lieben dich so, wie du bist.» Oder wie die Aborigines nach der Geburt und vor dem Tod eines Menschen sagen: «Wir lieben dich und werden dich auf deiner Reise begleiten.» In der westlichen Realität sieht das etwas anders aus. Das hat auf grausame Weise das berüchtigte Experiment von Friedrich dem Großen demonstriert.

Der Alte Fritz ließ einige Säuglinge unter perfekten Bedingungen aufziehen: beste Nahrung, Hygiene und gesundheitliche Versorgung, jedoch ohne menschlichen Kontakt. Der Alte Fritze wollte herausfinden, wie viel der Mensch an Intellekt und Verhaltensweisen mitbringt und wie viel anerzogen ist. Er hat es nie herausgefunden: Alle Kinder starben. Aus Mangel an Zuneigung. An Infektionskrankheiten. Stress lähmt das Immunsystem. Nicht geliebt zu werden, ist Killer-Stress. (Kleine) Menschen brauchen Zuneigung. Hält man ihnen ständig Bagatellen wie schiefe Schornsteine oder falsch gefärbte Hausdächer vor, lernen sie irgendwann: «Mehr Zuneigung gibt es, wenn ich alles richtig mache. Fehler sind ganz arg schlimm.» Da Kinder auf Zuneigung angewiesen sind, werden sie alles tun, um diese zu erhalten. Das Killerprogramm ist aktiviert, im Kopf tickt die Zeitbombe.

Andererseits: Mit diesem Killerprogramm bringt man es weit. Da man Fehler fürchtet wie der Teufel das Weihwasser, ist man bei der Arbeit der Inbegriff von Gewissenhaftigkeit, Gründlichkeit und Zuverlässigkeit. Mit jedem Lob vom Chef wird das gefährliche Kindheitsprogramm noch verstärkt. Präzisionswut ist eine schöne Tugend, wenn sie angebracht sind. Das Blöde an den Killerprogrammen ist jedoch, dass sie sich auch völlig unangebracht einschalten. «Be perfects!» nerven zum Beispiel ihre Kollegen, weil sie selbst völlig Irrelevantes noch peinlich genau erledigen und auch anderen gegenüber eine unmenschlich geringe Fehlertoleranz zeigen. Aus diesem Grund delegieren sie ungern, was ihnen als Führungskräfte das Leben unnötig schwer macht. Und wenn sie delegieren, weil es nicht anders geht, kontrollieren sie ständig nach, was unnötig Zeit kostet und den Mitarbeitern den letzten Nerv raubt. Die Angst vor Fehlern sitzt dem «Be perfect!» pausenlos im Nacken. Ständig leistet er 200 Prozent, um ja keine Fehler vorkommen zu lassen. Seine Risikobereitschaft ist deshalb gleich null: Nur nichts riskieren! Könnte ja schieflaufen!

«Be perfect!» schaltet sich zu den unpassendsten Augenblicken ein. Wenn die Freundin sowieso schon auf 180 ist, halten wir ihr auch noch vor, dass sie wieder die Zahnpasta nicht zugeschraubt hat. Wir ahnen zumindest, dass das die Bombe zur Detonation bringt – aber wir können nicht anders. Etwas in unserem Inneren ist stärker als wir. Der Antreiber. Wir wissen, dass wir den Mitarbeiter für seinen an Land gezogenen Großauftrag anerkennen müssen – aber alles, was uns einfällt, ist: «Warum hat das so lange gedauert? Sie haben auch noch andere Kunden!» Der Mitarbeiter kocht vor Frustration und geht sechs Monate später zur Konkurrenz. Chefs mit «Be perfect!» treiben ihre Mitarbeiter auf die Bäume. Schwacher Trost: Damit schaden sie sich selbst am meisten.

Wer einen Antreiber im Kopf hat, kann in gewissen Situationen einfach nicht erfolgreich sein. Mit einem Antreiber im Kopf sind wir auf Misserfolg programmiert. Stellen Sie sich einen Ertrinkenden vor, der den zugeworfenen Rettungsring ablehnt: «Ist mir nicht sicher genug! Habt ihr nicht was Besseres auf Lager?» Unvorstellbar? Leider passiert das täglich. Wir haben «Erfolgstipps für Führungskräfte», «Positiv Denken» oder «Die Deckungsbeitragsanalyse» hundertmal gelesen, wenden aber nichts davon an. Wir denken: «Das bringt es auch nicht!» Aber in Wirklichkeit hält uns die Antreiberangst vor Fehlern zurück, es einfach auszuprobieren. Ausprobieren wäre so einfach! Aber wir tun es nicht. Obwohl wir genau wissen, wie es besser gehen könnte, halten wir an alten Misserfolgsgewohnheiten fest, weil unsere programmierte Angst vor Fehlern uns von Neuem abhält.

Wir lösen Aufgaben lieber mit alten, bewährten Mitteln. Neues wenden wir nicht an, auch wenn es mehr Erfolg verspricht, weil wir nicht auf Erfolg programmiert sind. Wir sind auf Fehlerlosigkeit programmiert. Keine Fehler zu machen, ist uns insgeheim und unbewusst wichtiger, als Erfolg zu haben. Deshalb kleben wir oft an Altem und Überkommenem, obwohl es uns im Grunde schadet. Und damit wir den Selbstbetrug nicht bemerken, erfinden wir ganz unbewusst Scheingründe: «Das Neue funktioniert bestimmt nicht!» Doch, aber der Antreiber möchte das nicht wahrhaben, weil beim Ausprobieren Fehler auftauchen könnten. Ein paradoxes Bild: Der Erfolg ist so nahe, man bräuchte nur die Hand auszustrecken – aber man tut es nicht. Könnte ja ein Fehler dabei unterlaufen.

## «Hurry up!»

Es gibt Menschen, die stehen ständig unter Dampf. Eigentlich eine bewundernswerte Eigenschaft. Wenn da nicht diese hohe Fehlerquote wäre. Denn wer vieles gleichzeitig erledigt, macht auch viele Fehler. Kein Mensch kann fünf Dinge gleichzeitig tun – ohne Fehler zu machen. Hektiker haben den Antreiber «Hurry up!», Beeil dich! Solange sie nur schnell genug arbeiten, ist ihnen im Grunde gleichgültig, was dabei herauskommt. So haben sie das in ihrem Elternhaus mitbekommen. Ihre Eltern erledigten ständig zwei Dinge gleichzeitig: Beruf und Kindererziehung, beim Bügeln die Vokabeln der Kinder abfragen, in der Büromittagspause den Einkauf erledigen … Es versteht sich von selbst, dass alles im Eilschritt erledigt wird. Zeit ist knapp, also muss man knausrig mit ihr umgehen. Kinder saugen diese Hektik schon mit der Muttermilch auf. Im Alter von drei Jahren setzt dann die direkte «Erziehung» ein. Sie hören immer wieder Sprüche wie: «Geht das nicht schneller? Bummel nicht herum! Jetzt mach aber mal hin! Wie lange dauert das denn noch?» So etwas prägt fürs Leben. Mit weittragenden Konsequenzen.

«Hurry ups!» tanzen ständig auf vielen Hochzeiten. Immer haben sie mehrere Eisen im Feuer. Sie erledigen ihren Schreibkram und telefonieren dabei noch, während sie einem Kollegen erklären, wo der Bartel den Most holt. Und alles muss schnell, schnell gehen! Flüchtigkeitsfehler werden locker in Kauf genommen. Ein «Hurry up!» muss sich beeilen, perfekt will er nicht sein. «Hurry ups!» kommen noch mit Situationen zurecht, die andere längst als ultrastressig erleben. Je mehr parallel läuft, desto wohler fühlen sie sich. Mit solchen Voraussetzungen entspricht man voll dem Berufsbild des rastlosen Machers. Ständig etwas anstoßen, ständig fünf Bälle in der Luft halten, ständig atemlos von A nach B hetzen.

«Hurry ups!» sind nicht unbedingt die Besten, aber sie sind überall dabei. Sie erledigen ihre Aufgaben schnell, auch wenn sie dabei einige Dinge nicht zu Ende führen, weil schnellschnell! schon die nächste Aufgabe ruft. Sie sind kreativ und unkonventionell und gehen gerne neue Wege. Sie brauchen den Zeitdruck, um überhaupt in die Gänge zu kommen, während andere unter Zeitdruck innerlich aufgeben. Ihre Fehlertoleranz macht sie risikofreudig. Hört sich alles super an, nicht? «Hurry ups!» müssen perfekte Manager und Hausfrauen sein. Nein, denn alles hat zwei Seiten. Wer mit Lichtgeschwindigkeit arbeitet, macht viele vermeidbare Fehler und kann schlecht delegieren, weil er sich keine Zeit nehmen kann, die delegierte Aufgabe ausreichend zu erklären. «Machen Sie mal!» ist der Standard-Delegationsauftrag des «Hurry up!». Damit kann keiner etwas anfangen. Einen «Be perfect!» bringt diese ungenaue Delegation sogar an den Rand des Stresskollers: Er muss es ganz genau wissen und wird mit Allgemeinplätzen abgespeist!

Die sprichwörtliche Ungeduld und operative Hektik des «Hurry up!» verbreitet unter Mitarbeitern, Kollegen und Vorgesetzten Unruhe, Ressentiments und Stress. Doch auch der «Hurry up!» selbst gerät schnell in Stress, weil sein Tag einfach zu vollgepackt ist, dadurch Fehler unterlaufen, die Fehlerbehebung Ärger macht und Zeit kostet, die nicht vorhanden ist. Auch gerät der «Hurry up!» in Stress, wenn etwas nicht so schnell geht, wie er sich das vorstellt – und es geht nie schnell genug! Außerdem sind «Hurry ups!» nie so schnell, wie das ihr Tempo suggeriert. Oft sind sie sogar viel langsamer als Menschen, die langsam arbeiten. Denn da sie so überaus schnell arbeiten, verlieren sie viel Zeit bei der Fehlerbehebung. Oft wäre man schneller gewesen, hätte man es von Anfang an richtig gemacht. Deshalb sagte Adenauer zu seinem Chauffeur: «Fahren Sie langsam! Ich habe es eilig!»

## «Please me!»

Ein drittes Sabotageprogramm ist «Please me!», Mach es mir recht! Fritz ist eine hervorragende Führungskraft. Er ist anerkannt, die Arbeit macht ihm Spaß. Wenn da nur nicht diese gewissen Tage wären. Tage, an denen er absolut zu nichts kommt: «Ständig geht die Tür auf und irgendein Mitarbeiter oder Kollege kommt hereingestürzt und ruft nach der Feuerwehr. Zu meiner eigenen Arbeit komme ich meist erst nach Feierabend.» Fritz ist nicht dumm. Er weiß genau, dass er zu gutmütig ist, dass er nicht Nein sagen kann. «Aber was soll ich machen? Mein Job ist es doch, meine Leute zu führen!» Richtig, aber Mitarbeiter erzieht man nicht, indem man ihnen jedes Problem abnimmt. Man muss sie zur Selbständigkeit erziehen. Das beinhaltet, dass man sie auch mal wegschickt und ihre Probleme selbst lösen lässt – Feuerlöschen kann man ja immer noch. Doch Fritz kann das nicht. Sein Antreiber ist stärker. Fritz muss es allen recht machen.

Fritz hat als Kind gelernt, dass man immer schön artig die Hand geben, Bitte und Danke sagen muss. Dass man nie aufsässig oder frech sein darf. Dass man sich so verhalten muss, damit andere zufrieden mit einem sind. Wenn Fritz sein Kindergartenbild mit nach Hause bringt, überschlägt sich alles vor Freude. Fritz lernt: Es anderen recht machen bringt Belohnung, ist gut. Deshalb macht er auch artig seine Hausaufgaben, weil es dem Lehrer oder dem Papa so gut gefällt. Im Beruf ist Fritz der einzige Kollege, der mit den notorischen «Be perfects!» und «Hurry ups!» glänzend zurechtkommt. Denn auch ihnen macht er es recht, so unausstehlich sie manchmal in ihrer rastlosen Hektik oder nervtötenden Erbsenzählerei sein mögen. Ein «Please me!» ist ungeheuer anpassungsfähig und nach außen immer freundlich und gut gelaunt. Er hat nie gelernt, seinen Ärger auf angemessene Weise zu artikulieren. Aus Angst, nicht mehr geschätzt zu werden, schluckt er den Ärger lieber runter und behält kritisches Feedback für sich. Dafür gewinnt er die Sympathie der Kollegen und ein Magengeschwür. «Please mes!» können nicht Nein sagen, weil sie andere nicht enttäuschen möchten. Weil man es aber nicht allen recht machen kann, geraten sie deshalb ständig in Stress. Außerdem vernachlässigen sie sich selbst total. «Der gute Mensch denkt an sich selbst zuletzt», und bekommt deshalb Herzbeschwerden.

Konflikte jeder Art stressen den «Please me!» fürchterlich. Eine Führungskraft mit «Please me!» wird in der Sandwichfalle aufgerieben. Unten fordern zum Beispiel die Mitarbeiter berechtigte Verbesserungen der Arbeitsbedingungen. Er will es ihnen recht machen. Oben hat die Geschäftsleitung dafür kein Geld. Auch dieser will er es recht machen. Doch beiden zusammen kann er es nicht recht machen, weil die Forderungen sich gegenseitig ausschließen. Dieses Dilemma reibt den «Please me!» auf.

## Was stört in Ihrem Kopf? Der Antreiber-Test

Jeder Mensch hat ein bisschen was von jedem Antreiber im Kopf. Keiner freut sich über Fehler, jeder bringt bestimmte Arbeiten lieber heute als morgen hinter sich, und jeder freut sich über Anerkennung. Das ist normal. Nicht normal ist, wenn die Antreiber übermächtig werden. Dann nämlich fühlt man sich ständig unzufrieden, überfordert oder gestresst. Dann schaden uns die Antreiber mehr, als sie nützen.

Es ist klar, dass ich mit einem Antreiber im Kopf bestimmte Ziele, die ich mir gesetzt habe (siehe Kapitel 2), nie erreichen werde. Wenn ich ständig Tempo mache, immer nach vorne schaue und nie im Augenblick lebe, werde ich das Leben nicht so genießen können oder mehr Zeit für die Familie finden, wie ich es mir (in Kapitel 2) zum Ziel gesetzt habe. Denn mein Antreiber sagt ganz klar: Tempo geht vor Lebensfreude und Familie. Wann immer ich rasch zu Potte kommen muss, werde ich scheitern, wenn «Be perfect!» in meinem Kopf herumspukt. Und wann immer ich eine unpopuläre Entscheidung fällen muss, werde ich scheitern, wenn mich «Please me!» regiert.

Es gibt nicht nur diese drei Antreiber. Eric Berne, der Vater der Transaktionsanalyse, ging von fünf Antreibern aus. Zusätzlich zu unseren dreien noch: «Be strong!» – Sei stark!: Egal, was es ist, man macht es erst mal alleine, lehnt jede Hilfe ab und versucht, sich im Alleingang durchzutanken. Auch wenn es viel schneller, einfacher und besser wäre, auf die Hilfe anderer zurückzugreifen. «Work hard!» – Streng dich an! bedeutet: Egal, wie einfach und klein die Aufgabe ist, ich mache einen Riesenaufwand, eine Staatsaktion daraus, auch wenn das Ergebnis viel besser wäre, wenn ich die Sache locker und entkrampft anginge. Darüber hinaus gibt es noch weitere Antreiber wie zum Beispiel: Kümmere Dich um alles!

Wir konzentrieren uns auf die häufigsten drei Antreiber. Weil das übersichtlicher ist und weil viele Antreiber schon zu einem gewissen Maß in den ersten dreien drinstecken. Welche Antreiber stecken in Ihrem Kopf? Bestimmt hat bei Ihnen hin und wieder die Glocke geläutet, als wir uns oben die Anzeichen der drei Kardinalantreiber anschauten. Wenn Sie wissen wollen, welche Antreiber Ihnen hauptsächlich das Leben schwermachen, machen Sie folgenden Test. Schreiben Sie in jedes Kästchen die passende Ziffer:

5 – trifft voll und ganz zu
4 – trifft im Großen und Ganzen zu
3 – trifft teilweise zu
2 – trifft kaum zu
1 – trifft überhaupt nicht zu

Noch ein Tipp: Je offener und ehrlicher Sie Ihre Punkte vergeben, desto eher finden Sie heraus, welche Antreiber Ihnen in welchem Ausmaß im Wege stehen.

Der Antreiber-Test

1. Es ist mir wichtiger, sorgfältig zu arbeiten, als möglichst schnell fertig zu werden. [1|2|3|4|5]
2. Es stört mich, wenn andere meine Anwesenheit als unangenehm empfinden. [1|2|3|4|5]
3. Ich versuche immer, so vollständig wie möglich Auskunft zu geben. [1|2|3|4|5]
4. Menschen, die keine Ordnung halten können, bringen mich auf die Palme. [1|2|3|4|5]
5. Kommt mir eine gute Idee, setze ich sie am liebsten sofort und ohne Umschweife in die Tat um. Ich hasse es, warten zu müssen. [1|2|3|4|5]
6. Ich überprüfe meine Arbeiten mehrmals, bevor ich sie übergebe. [1|2|3|4|5]
7. Ich wünsche mir, dass Vorgesetzte, Kollegen und Freunde es anerkennen, wenn ich gute Arbeit leiste. [1|2|3|4|5]
8. Wenn ich eine Arbeit erledige, versuche ich, die Erwartungen anderer so gut wie möglich zu berücksichtigen. [1|2|3|4|5]
9. Bei der Arbeit gilt für mich das Motto: «Je schneller erledigt, desto besser.» [1|2|3|4|5]
10. Es ist mir wichtig, was andere über mich denken. [1|2|3|4|5]
11. Gerade die Details sind wichtig an einer Arbeit. [1|2|3|4|5]
12. Auf klare Fragen erwarte ich kurze, informative Antworten. [1|2|3|4|5]
13. Sowohl bei der Arbeit als auch privat möchte ich von meinen Mitmenschen voll akzeptiert werden. [1|2|3|4|5]
14. Wenn es um die Wünsche und Erwartungen von Kollegen oder der Familie geht, muss man selbst zurückstecken können. [1|2|3|4|5]
15. Geduld ist nicht meine Stärke. [1|2|3|4|5]
16. Ich zähle oft Argumente auf, um eine Aussage zu unterstreichen. [1|2|3|4|5]
17. Ich bleibe lieber höflich, als dass ich jemand offen die Meinung ins Gesicht sage. [1|2|3|4|5]
18. Ich übernehme häufig die Meinung anderer zu bestimmten Problemen oder Aufgaben. [1|2|3|4|5]
19. Wenn ich eine Arbeit mache, bin ich voll bei der Sache. Nichts lenkt mich ab. [1|2|3|4|5]

| | | |
|---|---|---|
| 20. | Ich springe gerne von einer Aufgabe zur anderen. | 1 2 3 4 5 |
| 21. | Oft muss ich meinen Kollegen oder der Familie Dampf machen, damit sich etwas bewegt. | 1 2 3 4 5 |
| 22. | Ich bemühe mich, dass meine Sprache exakt und präzise ist. | 1 2 3 4 5 |
| 23. | Ich helfe gerne und oft aus, wenn andere Probleme haben. | 1 2 3 4 5 |
| 24. | Kontakt zu anderen Menschen ist mir bei der Arbeit sehr wichtig. | 1 2 3 4 5 |
| 25. | Mit neuen Techniken und Ideen bin ich zuerst immer etwas vorsichtig. Man weiß ja nie … | 1 2 3 4 5 |
| 26. | Am liebsten erledige ich mehrere Dinge gleichzeitig. | 1 2 3 4 5 |
| 27. | Ich hasse Unpünktlichkeit. | 1 2 3 4 5 |
| 28. | Ich gehe den Dingen gerne auf den Grund. | 1 2 3 4 5 |
| 29. | Ich muss öfter Flüchtigkeitsfehler ausbügeln, als mir lieb ist. | 1 2 3 4 5 |
| 30. | Ich werde kribbelig, wenn ich nichts zu tun habe. | 1 2 3 4 5 |

Addieren Sie die Punktzahlen über die drei Antreiber und ihre entsprechenden Fragen:

| «Be perfect!» | «Hurry up!» | «Please me!» |
|---|---|---|
| 1: ___ | 5: ___ | 2: ___ |
| 3: ___ | 9: ___ | 7: ___ |
| 4: ___ | 12: ___ | 8: ___ |
| 6: ___ | 15: ___ | 10: ___ |
| 11: ___ | 20: ___ | 13: ___ |
| 16: ___ | 21: ___ | 14: ___ |
| 19: ___ | 26: ___ | 17: ___ |
| 22: ___ | 27: ___ | 18: ___ |
| 25: ___ | 29: ___ | 23: ___ |
| 28: ___ | 30: ___ | 24: ___ |
| = ___ | = ___ | = ___ |

Wie unterschiedlich sind die drei Endsummen? Sind Ihre Antreiber einigermaßen ausgewogen? Oder haben Sie einen dominanten Antreiber? Oder sind zwei besonders stark und der dritte eher schwach? Wie auch immer Ihre Antreiber ausgeprägt sind: Sie sind deshalb kein schlechterer Manager, Angestellter, keine schlechtere Partnerin, Führungskraft oder Mutter. Unsere Antreiber sind nämlich als solche völlig wertfrei. Es spielt keine Rolle, welche Antreiber man hat. Es kommt drauf an, was man draus macht.

Es ist weder per se gut noch schlecht, einen starken Antreiber «Be perfect!» oder einen starken «Hurry up!» zu haben. Eine sinnvolle Bewertung der Antreiber ist nur im Kontext möglich. Es gibt Situationen, in denen «Be perfect!» gefragt ist, und Situationen, in denen die Zeit knapp ist. Dann gibt es wieder Lagen, in denen ein besonders einfühlsamer Vermittler gefragt ist. Welche Antriebskraft also die erfolgreichere ist, entscheidet einzig und allein die konkrete Situation, das Umfeld und die Aufgabe – und ob Sie sie erkennen können. Erfolgreich ist nicht, wer den «richtigen» Antrieb hat, sondern wer ihn richtig einsetzt: Aha, jetzt ist die Zeit reif für exakte Arbeit, also lasse ich meinem Antreiber die Zügel schießen. Und jetzt muss es schnell gehen. Also, «Be perfect!», husch, husch, ins Körbchen. Wer am besten sieht, was wann geboten ist, und es ohne große Anlaufprobleme einsetzen kann, ist erfolgreich. Die großen Desaster passieren ja nur deshalb, weil sich unser Antreiber zur Unzeit einschaltet. Ausgerechnet im Bewerbungsgespräch, wo man locker und überzeugend sein sollte, fangen wir an, Haare zu spalten. Ausgerechnet dann, wenn wir unsere Arbeit gewissenhaft ausführen sollten, verfallen wir in Hektik …

Falls zwei Ihrer Antreiber eine deutlich höhere Punktzahl haben als der dritte: «Please me!» kombiniert mit «Be perfect!» oder Hurry up! ist eine halbwegs verträglich Kombination. Man schielt immer ein wenig danach, «was die Kollegen dazu sagen», und versucht, das so perfekt oder so schnell wie möglich zu erreichen. «Be perfect!» kombiniert mit «Hurry up!» ist dagegen eine Turbostress-Kombination. Man versucht, möglichst viele Aufgaben möglichst perfekt zu erledigen – und das auch noch in Rekordzeit. Auf Dauer wirft das den stärksten Ringer aus den Sandalen. Die Auswirkungen der Antreiber sind vielfältig und gravierend. Die Antreiber

- sabotieren unseren Erfolg, indem sie uns in bestimmten Situationen die falschen Befehle einflüstern. Wir werden zum Beispiel von einer Panne überrascht. Aber anstatt erst mal ganz ruhig auf den Hosenboden zu sitzen und die Lage zu peilen, rennen wir wie angesengt herum und machen Hektik, weil uns die innere Stimme einflüstert: Beeil dich!
- sind schuld am Stress, den wir erleben. Für eine 5-Minuten-Arbeit, für die wir 5 Minuten Zeit haben, brauchen wir 10 Minuten, die wir nicht haben, weshalb wir mörderisch in Zeitdruck kommen. Und alles nur, weil der Antreiber uns einflüstert: Sei perfekt! Mach bloß keine Fehler! Tu alles, damit Fehler ausgeschlossen sind!
- unterminieren unser Selbstwertgefühl. Denn so unsinnig die Forderungen der Antreiber auch sind, wir nehmen sie für bare Münze. Wir nehmen die völlig unrealistischen und überzogenen Forderungen der Antreiber als Messlatte für unsere Eigenbeurteilung. Schon der kleinste Fehler, die kleinste Zeitverzögerung oder die kleinste Ablehnung durch andere empfinden wir als Riesenkatastrophe, für die wir uns schwere Vorwürfe machen. Wir messen uns an einem Ideal, das nie erreichbar ist. Damit ist garantiert, dass wir immer unzufrieden mit uns und/oder der Welt sind.
- bestimmen das Maß, in dem wir uns um unsere eigenen Wünsche und Belange kümmern. Wer ständig hinter der Meinung anderer herrennt, vernachlässigt seine eigenen Wünsche völlig. Wer ständig Hektik macht, fühlt sich häufiger als andere urlaubsreif und ausgebrannt. Je stärker der Antreiber wirkt, desto ungesunder und fremdbestimmter leben wir.

Deshalb wird es Zeit, sich nicht länger von den Kamikaze-Programmen fremdlenken zu lassen, sondern sich von ihnen zu verabschieden.

## Abschied vom Antreiber: Bewusstheit entwickeln

Die meisten Menschen merken irgendwann, dass etwas nicht stimmt in ihrem Leben: «Ständig diese Hetze! Das halte ich nicht aus!», sagt der «Hurry up!», wenn es ihm zu viel wird. Also unternimmt er was. Er weiß, dass Sport ein Stressausgleich ist, daher kauft er sich einen Jogginganzug und trabt durch den Wald. Nein, das tut er nicht. In den Grünoasen der Großstädte sieht man Manager, die genau das nicht tun. Sie traben nicht, sie sprinten. Jeder Zuschauer tippt sich an die Stirn: «Die spinnen. Erst stressen sie im Büro rum, dann hetzen sie über unseren schönen Waldsportpfad.» Ausbruch misslungen. Wo bleibt der Ausgleich, wenn man sich im Wald genauso stresst wie im Büro? Das Umpolen eines Antreibers ist nicht ganz so einfach, wie wir uns das manchmal vorstellen. Was einen das ganze Leben lang getrieben hat, kann man nicht einfach durch den Erwerb eines Jogginganzuges abstellen.

Weil durch die lebenslange Wiederholung des Antriebsmusters der Antreiber tatsächlich im Kopf «fest verdrahtet» ist. Das ist keine Sache der Software mehr, da muss die Hardware neu installiert werden. Damit unser Hirn überhaupt lernen kann, verknüpft es die betreffenden Neuronen im Kopf und hält diese Verknüpfungen aufrecht. Wer sich einen Antreiber abgewöhnen will, muss also nicht nur eine Umleitung, eine alternative Verknüpfung schaffen, sondern diese auch so oft benutzen, dass die neue Verknüpfung so stark wird, damit sie die Gedanken automatisch weg von den alten Antreiber-Verknüpfungen und sprichwörtlich in neue Bahnen lenkt (s. auch Kapitel 7).

Der traurige Witz bei den Antreibern ist, dass die wenigsten Menschen überhaupt bemerken, wer ihnen da ein Bein stellt. Sie sagen: «Ich weiß nicht, was das ist! Jetzt jogge ich schon seit drei Wochen täglich und die EKG-Werte sind immer noch im roten Stressbereich …» Die meisten Gestressten glauben deshalb, dass es nicht anders geht: «Mein Job ist eben stressig. Kann man nix machen.» Solange man das glaubt, ist es auch so. Garantiert. Man kann etwas nur loswerden, wenn man es bewusst wahrnimmt.

Erst wenn wir uns bewusst werden, dass der Stress nicht aus dem Job, vom Partner oder aus der Aufgabe kommt, sondern aus unserem Kopf, kann sich etwas ändern. *Nothing changes, till it changes in me,* singt der Barde. Einen ersten Schritt haben Sie mit dem Antreiber-Test oben bereits getan. Sie wissen jetzt, worauf Sie achten müssen. Mit etwas (etwas = sieben plus/minus zwei tägliche Wiederholungen) Übung läuft auch bei Ihnen bald wie auf Ihrem PC das residente Virensuchprogramm ganz automatisch ab:

- Was verlangt die Situation von mir an Detailtreue, an Eile oder an Erfüllung der Erwartungen anderer?
- Und was verlangt mein Antreiber?

Sie werden bemerken: Nicht immer stehen Situationsanforderungen und Antreiberanforderungen im Gegensatz zueinander. Wer als Controller arbeitet, wird jeden Tag von Neuem seinem Schöpfer auf Knien für «Be perfect!» danken. Denn dank seinem Adlerauge entdeckt er auch noch die kleinste Zahlenabweichung. Ein «Hurry up!» wäre in diesem Job verloren. Manchmal ist so ein Antreiber ein Geschenk, eine Tugend und die Voraussetzung für Karriere, Erfolg und Wohlstand. Wer ultraexakt arbeiten kann, wer superschnell in die Gänge kommt, wer fast schon telepathisch erahnt, was der Kunde von ihm erwartet, wird es weit im Leben bringen. Wer würde auf diese Fähigkeiten schon verzichten wollen?

Also schaffen Sie Ihre Antreiber nicht ab. Nehmen Sie sie nur beim Zügel. Denn was in der einen Situation Erfolg garantiert, ist in der anderen glatter Genickbruch. Was in der einen Situation ein Vorteil ist, ist in der anderen ein Stressfaktor. Jede Fähigkeit kann in übertriebener Ausprägung zu einer Belastung werden. Wenn der Controller seiner Frau die Haushaltseinkäufe genauso exakt nachrechnet wie im Betrieb den Einkauf, hat er bald keine Frau mehr. Die Kontextpassung macht den Unterschied: Wo bringt der Antreiber Segen? Wo ist er einfach übertrieben?

Werden Sie sich Ihres Antreibers bewusst. Das ist einfach gesagt.

Denn die Antreiber sind immer gut getarnt. Hinter Argumenten, die logisch klingen, aber nicht wahr sind. Die Entdeckungsreise zu den wahren Gründen ist spannend und lohnend. Hier einige Safariberichte von Seminarteilnehmern:

«Irgendwann fragte ich mich, warum keine der Managementtechniken der letzten Jahre, wie Kaizen, TQM, Reengineering oder Führen mit Zielvereinbarung der echte Knaller war. Bis mir auffiel: Die sind alles Knaller! Doch beim ersten Anzeichen von Schwierigkeiten habe ich sie sofort weggelegt. Ich suche unbewusst immer nach der perfekten Methode. Eben *Be perfect!*»

«Ich hasste Messetermine. Eine Woche vorher beginnt der Stress und hört dann vier Wochen nicht auf. Als mein Mann krank wurde, saß ich etwas ausgepumpt bei der Arbeit – und die Messevorbereitungen liefen total ruhig ab. Da merkte ich, dass es auch anders geht. Im Übrigen viel besser.»

«Es war wie verhext. Jedes Mal, bevor ich ein neues Projekt begann, suchte ich tagelang nach Referenzen und Erfahrungen von Kollegen mit ähnlichen Projekten. Ich war ganz verzweifelt, wenn ich keine fand. Bis mir auffiel, dass ich oft bessere Ideen hatte als die erfahrenen Kollegen. Ich verwarf diese aber immer, weil ich immer darauf wartete, dass es mir jemand vorkaute, auf den ich dann hören konnten.»

Wo juckt es? Wo stört Ihr Verhalten Sie oder andere? Prüfen Sie: Steckt etwa ein Antreiber dahinter? Sie werden überrascht sein, wie oft wir glauben, etwas aus gutem Grund zu tun, und dann doch nur wieder ein Antreiber dahintersteckt.

## Die Alternative aufstellen

Normalerweise können wir alle unsere Aufgaben lösen. Probleme gibt es streng genommen nicht. Sie zweifeln? Betrachten wir ein Beispiel. Harald schaut in die Kühltruhe: Die gesamte Tiefkühlkost ist aus! Katastrophe! Nervös rennt er von Schrank zu Schrank: «Es ist nichts da! Was ess ich denn jetzt auf die Schnelle?» Wie wär's mit einem leckeren

Kartoffelauflauf? Das schafft sogar ein Junggeselle. «Ach was, keine Zeit, das dauert doch ewig, bis der fertig ist!» Harald ist Designer und hat das Büro im eigenen Haus. Er hätte Zeit. Im Übrigen braucht ein Auflauf kaum Zeit. Aber Harald nimmt sich nicht mal diese kurze Zeit, denn er ist, richtig, ein «Hurry up!»

Probleme gibt es eigentlich gar nicht. Wenn keine Fischstäbchen mehr da sind, dann mache ich eben Auflauf. Damit hat sich's. Wer flexibel ist, wer eine Alternative hat, für den gibt es keine Probleme. Und genau das ist das Gefährliche und Tragische an den Antreibern: Sie berauben uns dieser rettenden Alternative. Sie machen uns unflexibel. Damit machen sie aus Aufgaben Probleme. Wenn es regnet, dann joggt man eben nicht, sondern geht schwimmen. Wo ist das Problem? Da sollten Sie bei Regen mal einem «Be perfect!» zuschauen. Er kann nicht schwimmen gehen. Weil er das nie macht. «Ich gehe immer dienstags joggen. Und ausgerechnet heute gießt es Bindfäden!» Schwimmen ist neu, also geht schwimmen nicht. Wer seinen Antreiber sofort ausschaltet, wenn er stört, hat kein Problem. Wer nur das tun kann, was der Antreiber ihm einflüstert, hat eines. Also legen Sie sich Alternativen zurecht.

Je achtsamer Sie werden, desto schneller entdecken Sie den Antreiber: Erst ertappen Sie sich dabei, wie der Antreiber mit Ihnen durchgeht. Am besten am Feedback der Umwelt: «Du verdammter Pedant! Musst du dieses Haar auch noch gespalten haben?» Aber auch an Ihren eigenen Gefühlen. Wann immer Sie sich gestresst oder unwohl in einer Aufgabe fühlen, ist nicht unbedingt die Aufgabe schuld, sondern ganz oft ein Antreiber. Zumindest sollten Sie das prüfen. Fragen Sie sich: Muss das wirklich so genau sein? So schnell? So fremdbestimmt?» Mit fortschreitender Übung ertappen Sie sich schon, bevor der Antreiber zuschlägt. In dieser Situation muss dann die Alternative bereitliegen. Betrachten wir diese am Beispiel.

Stephan ist ein messerscharfer Analytiker. Einen Fehler riecht er schon auf zweihundert Meter. Seit vier Monaten ist er Chefcontroller. Vor zwei Monaten hat die Hälfte seiner Mannschaft gekündigt: «Der tötet einem mit seiner Erbsenzählerei den letzten Nerv! Das ist kein Controlling, das ist Sklaverei!» Stephan ist nicht eigenblind. Er weiß, dass er es manchmal zu genau nimmt. Aber er kann nicht anders. Er bekommt wirklich und tatsächlich Bauchweh, sobald er den kleinsten Fehler in einer Tabelle sieht. Früher dachte er: «So bin ich halt.» Heute weiß er: «So bin ich nicht. So ist lediglich mein Antreiber. In Wirklichkeit bin ich ganz vernünftig.» Er weiß, dass er anders reagieren muss. Er muss Fehler monieren, keine Bagatellen. Aber diese Einsicht ist ohne Alternative wertlos.

Also legt er sich eine Alternative zurecht: «Wenn das nächste Mal ein Mitarbeiter eine Tabelle mit Bagatellfehlern vorlegt, lobe ich ihn für seine Arbeit und sage, dass er schnell noch die Fehler ausmerzen soll.» Allein der Gedanke daran macht ihm schon Bauchschmerzen. Der Antreiber schaltet immer noch den gesunden Menschenverstand aus.

Also muss Stephan den gesunden Menschenversand so stark aktivieren, dass er den Antreiber quasi aus dem Arbeitsspeicher des Kopfes drängt. Dafür gibt es Techniken. Wer übertriebene Angst vor Fehlern hat, fragt sich:

- Was kann schlimmstenfalls passieren? Dann stellt man sich vor, dass das tatsächlich passiert – und sieht, dass alles gar nicht so schlimm ist. Bliebe der Fehler in der Tabelle, würden das die wenigsten bemerken. Und wenn es wirklich so schlimm ist, kann man den Antreiber guten Gewissens aktiviert lassen.
- Wie hoch ist der Fehler im Verhältnis zum Gesamtergebnis, also die Fehlerquote? Dann sieht man schnell, ob es sich um einen Bagatellfehler oder um einen Kardinalfehler handelt.

Es gibt für jeden Antreiber diese vernünftigen Fragen, die den gesunden Menschenverstand wieder einschalten.

- Ein «Hurry up!» kann sich zum Beispiel fragen: Was bringt die Hektik überhaupt? Bringt es mir auch nur eine Minute, wenn ich jetzt wir ein Irrer herumrenne? Sind diese paar Minuten wirklich die

Hektik wert? Oder verliere ich sogar noch Zeit, weil wieder Flüchtigkeitsfehler unterlaufen?

– Ein «Please me!» kann sich fragen: Erwartet das wirklich jemand von mir, oder bilde ich mir das nur ein? Wer hat das so gesagt oder gefordert? Und was passiert, wenn ich mal an mich denke? Reißt man mir den Kopf ab? Oder ist es nicht so, dass die Leute sogar dankbar sind, wenn ich mal an mich denke und deshalb zufriedener und freundlicher bin?

## Das richtige Tonband abspielen

Man ist noch besser auf den nächsten Antreiber-Anfall vorbereitet, wenn man dem Antreiber-Tonband ein anderes Tonband entgegensetzen kann. Der Antreiber flüstert uns ein

– «Sei perfekt! Mach um Himmels willen keinen Fehler!» Aber unser Tonband sagt: «Fehler sind irrelevant, solange es Bagatellen sind. Manchmal sind Fehler nötig, um daraus zu lernen. Wichtiger ist, ob sich der Fehler lohnt, was konkret unterm Strich rauskommt. Irren ist menschlich. *Nobody's perfect.* Es ist mein Recht, Fehler zu machen. Denn ich werde nicht nach Fehlervermeidung, sondern nach Leistung bezahlt.» Es gibt Hunderte solcher vernünftiger Sprüche. Wählen und prägen Sie Ihre eigenen! Und sagen Sie sie sich beim nächsten Antreiber-Überfall wie ein Mantra immer und immer wieder vor.
– «Beeil dich!» Aber wir sagen uns: «Immer mit der Ruhe. Diese Sache ist mir viel zu wichtig, als dass ich sie durch Flüchtigkeitsfehler gefährden möchte. Also entschleunige ich das Ganze jetzt mal. Gut Ding will Weile haben.»
– «Mach es mir recht!» Aber wir sagen: «Es gibt klare Bedürfnisprioritäten. Dinge, die die Situation erfordert; Dinge, die andere von mir erwarten, und Dinge, die ich selbst von mir erwarte. Und ich entscheide, was im Moment an welcher Stelle steht.»

## Sich die Erlaubnis geben

Anfangs fällt es uns noch schwer, diese vernünftigen Sätze zu denken. Aber mit sieben plus/minus zwei Wiederholungen fällt es uns leichter. Und mit täglichen Wiederholungen ist das Erfolgstonband so gut trainiert, dass es ganz automatisch abläuft. Es bereitet uns auf den entscheidenden Punkt bei der Antreiber-Bekämpfung vor: den Punkt der Erlaubnis. Das Schädliche an den Antreibern ist ja, dass sie uns etwas ganz Vernünftiges verbieten: Du darfst niemals nie nicht Fehler machen! Du darfst niemals trödeln! Du darfst nie an dich selbst denken! Diese Verbote sind offensichtlich unsinnig. Denn ohne die Erlaubnis, an sich selbst zu denken, geht der Mensch irgendwann vor die Hunde. Diese Erlaubnis raubt uns der Antreiber. Holen wir sie zurück! Sobald wir uns diese lange vorenthaltene innere Erlaubnis geben, fünfe grade sein zu lassen, in Ruhe zu arbeiten oder mal an uns zu denken, fällt eine Zentnerlast von uns ab.

Diese Erlaubnis kann niemand anders geben als wir selbst. Deshalb nützt es auch nichts, wenn Ihnen gute Freunde raten: «Lass mal fünfe grade sein!» – «Denk mal an Dich!» Diese Erlaubnis können sie uns nicht geben. Wir akzeptieren sie nicht und machen uns dann auch noch Vorwürfe, dass wir nicht tun, was vernünftig wäre. Das liegt daran, dass nur wir allein uns diese Erlaubnis geben können. Natürlich wäre es schön, wenn ein mächtiger Zauberer sagen würde: «Denk endlich an dich!», und wir es tun würden. Aber solange das nicht passiert, müssen wir selbst dieser Zauberer sein. Nur wenn die Erlaubnis von uns selbst kommt, akzeptiert sie der innere PC als zulässige Eingabe. Also sagen Sie sich als letzten Schritt der Antreiber-Modifikation:

- «In dieser Situation darf ich Fehler machen. Es ist ganz normal. Niemand erwartet etwas anderes.»
- «In dieser Situation darf ich mir Zeit lassen. Das tut mir und der Aufgabe gut.»
- «Hier und heute darf ich ganz an mich denken. Das erwarte ich von mir.»

Sobald wir uns diese Erlaubnis geben, geht uns ein Licht auf. Wir betreten eine neue, schöne, bislang unbekannte Welt. Manche Leute fühlen sich danach wie neugeboren.

## Der Mühe Lohn

Wer seine Antreiber abschüttelt, hat plötzlich viel mehr Zeit, auch für sich selbst, und viel weniger Stress. Man geht davon aus, dass der Stress sich um bis zu neunzig Prozent reduzieren lässt, wenn man die Antreiber in den Griff bekommt. Denn in den seltensten Fällen ist Stress von außen verursacht. Meist ist er hausgemacht. Verschwinden die Antreiber aus den unpassenden Situationen, verschwinden auch diese Gefühle von Überforderung, von Erwartungs- und Erfolgsdruck, die dauernde Müdigkeit und Unlust und die ständige latente Unzufriedenheit mit sich, dem Leben, der Umwelt, dem Job.

Natürlich ist diese Selbstbefreiung umso mühsamer, je länger und stärker ein Antreiber bereits gewirkt hat. Und es ist einfacher, so weiterzumachen wie bisher. Einfacher, aber nicht erfolgreicher – und befriedigender schon gleich gar nicht. Der Abteilungsleiter eines Kfz-Zulieferers berichtet: «Ich habe mich ständig für den Betrieb, die Abteilung, die Familie reingehängt («Please me!»). Als das einfach nicht mehr so weiterging und ich endlich mein Leben leben wollte, erlebte ich eine ziemliche Ernüchterung: Ich wusste gar nicht mehr, was ich wollte. Ich wusste auf Anhieb, was ich meiner Frau zum Hochzeitstag schenken werde. Was ich mir selbst dazu wünsche, wusste ich nicht. Es hat Tage gedauert, bis mir wieder einfiel, dass Golfen lernen Spaß machen könnte. Und dann hat es Wochen gedauert, bis ich mir endlich dafür die Erlaubnis gab.»

Manchmal dauert es lange und ist mühsam. Es ist immer mühsamer, sich zu ändern, als so weiterzumachen wie bisher. Doch der Lohn der Mühe ist fantastisch. Es fühlt sich gigantisch an, fünfe grade sein zu lassen, wenn man bislang wegen jeder Bagatelle schlaflose Nächte hatte. Es ist ein Gefühl wie Weihnachten, wenn man endlich mal in Ruhe etwas durchzieht, ohne ständig die eigenen Leichtsinnsfehler nachzubessern.

Die Antreiber sind der Grund, weshalb wir das Gefühl haben, dass das Leben nicht so erfüllend und erfolgreich ist, wie wir das gehofft hatten. Wer perfekt sein muss, kann selten zufrieden mit sich und dem Leben sein, weil Perfektion an sich ein unerreichbares Ziel ist. Diese ständige Angst vor Fehlern, das permanente Planen, der Mangel an Spontanaktionen, die verdorbenen Urlaube, nur weil bei tollem Sonnenschein der Schnee mal nicht so gut war, diese ständige, frustrierende Suche nach dem perfekten Job, der perfekten Frau, dem perfekten Mann, dem perfekten Urlaub … Das macht alles nur der verdammte Antreiber! Schüttelt man ihn ab, ist plötzlich der Erfolg und die Zufriedenheit da, die man sich schon immer wünschte.

Den Antreiber abzuschütteln, heißt nicht: Ich sprenge mit einem geistigen Gewaltakt die Ketten um meinen Geist und habe dann ein Leben lang Ruhe vor den Antreibern. So einfach ist das Leben nicht. Eben das ist der Fluch der frühen Prägung: Was wir bereits mit der Muttermilch aufgesogen haben – nichts gegen Mama, sie meinte es gut – lässt sich nicht zwischen Tür und Angel abstellen. Altlasten zu beseitigen, ist ein ständiger Lernprozess. Jeden Tag müssen wir aufs Neue das abschütteln, was uns behindert. Es ist ein ständiger innerer Dialog: «Was willst du schon wieder? Bist du sicher, dass du mir in dieser Situation nützlich bist? Aha.» Wie man diesen Dialog professionell führt, sehen wir im nächsten Kapitel. Doch zunächst zu einem Antreiber-Spezialfall.

## Die Antreiber der anderen

Es gibt Ärger, wenn der Antreiber mit uns durchgeht. Aber es gibt auch Ärger, wenn anderen der Antreiber durchgeht. Besonders, wenn der andere der Chef ist. Ein Beispiel.

Lucy ist wütend auf ihren Chef: «Ich ziehe diesen Riesenauftrag an Land, und was sagt der Chef dazu? Toll? Super? Prima? Nein, er sagt, dass ich für 25 Euro Spesen keinen Beleg habe! Ich glaube, der Kerl will mich systematisch fertigmachen.» Könnte man meinen, wenn man die Antreiber nicht kennt. Sie kennen sie inzwischen. Ist der Chef tatsächlich bösartig oder bekloppt? Nein, er leidet lediglich unter … … …

Worunter leidet Lucy? Interessante Frage, nicht wahr? Denn eigentlich denkt man unwillkürlich bei diesem Beispiel: «So ein blöder Chef!» Doch woher kommt eigentlich die fantastische Vorstellung, dass der Chef uns Anerkennung schulde? Von … … … … ….

Sybille reagiert ganz anders. Sie zieht wie weiland Mr. Spock die Augenbraue hoch: «Ich streiche eine fette Provision ein, der Kunde ist mir ewig dankbar, ich bin mächtig stolz auf mich – da lach ich doch nur über die Erbsenzählerei vom Chef.» Ohne Antreiber ist das Leben einfach schön und lohnend. Übrigens, die gesuchten Antreiber sind natürlich, in dieser Reihenfolge, «Be perfect!» und «Please me!»

Trotzdem versucht Lucy, sich ihre verdiente Anerkennung zu holen. Ihr gutes Recht. Jede Leistung verdient Anerkennung. Sie sagt: «Chef, der Auftrag ist der größte, den wir jemals aus dieser Branche bekamen. Er hat einen Wert von 2 Millionen. Und Sie regen sich über 25 Euro auf? Das halte ich für ziemlich überzogen.» Was passiert? Richtig, der Chef geht an die Decke: «Wir arbeiten hier gründlich! Was soll der Finanzvorstand von dieser Schlamperei halten? Wenn Sie das anders sehen, können Sie ja woanders Ihre Brötchen verdienen!» Eigentor. Merke:

### Versuche nie, einem Angetriebenen den Antreiber auszureden!

Je mehr man einem Angetriebenen den Antreiber ausreden will, desto verbohrter wird er. Man muss die Sache anders anpacken. Der Antreiber schaltet den gesunden Menschenverstand ab. Also muss man diesen wieder einschalten, will man den Antreiber ausschalten:

«Chef, der Riesenauftrag ist da. Hier, sehen Sie, die Unterlagen.»

«Hm, da fehlen ja Belege über 25 Euro.»

«Lassen Sie mal sehen. Stimmt. Toll, wie Sie das auf den ersten Blick erkannt haben. Reiche ich sofort nach. (Bestätigung des Antreibers dient der Vorbereitung für die finalen Frage:) Und wie sind Sie sonst mit meiner Leistung zufrieden?»

«Jaja, ganz ordentlich (Anerkennung abgeholt). Wenn nur nicht diese Spesenfehler wären.»

«Wie viel Prozent meiner Leistung schmälert dieser Fehler?»

«Wie meinen Sie das?»

«Ohne Spesenfehler wären es 100 Prozent. Nach Abzug des Fehlers, wie viel bleiben?»

«Na ja, gemessen am Auftragswert ist das nicht mal 1 Prozent.»

«Also sind Sie mit 99 Prozent meiner Leistung zufrieden?»

«Klar, logisch, sonst ist das schon eine tolle Leistung. Immerhin ist das der größte Auftrag bislang aus dieser Branche (dicker Anerkennungspunkt). Wenn nur diese Spesenfehler nicht wären ...» (Rückfall in den Antreiber).

Noch ein Beispiel. Chef hechelt herein: «Müller, hier, machen Sie mal! Und das: selbes Vorgehen. Und denken Sie an die Feasibility-Studie. Und geht das mit der Auslieferung nicht ein bisschen schneller?» Müller: «Was? Wie? Können Sie mir das mal erklären? Was wollen Sie denn genau? Und was verstehen Sie unter einer fiesen Studie? Davon weiß ich nichts!» Resultat?

«Müller, wenn ich Ihnen hier haarklein alles auseinanderklamüsern muss, kann ich das gleich selbst erledigen. Also stehen Sie nicht rum, kommen Sie in die Gänge! Zackzack!» Was tun wir? Wir ziehen zerknirscht von dannen und holen uns die nötige Information eben woanders: bei der Sekretärin des Chefs, bei Kollegen, Projektleitern, anderen Führungskräften ... Und wir regen uns höllisch über diese Umwege auf, die der Chef uns da aufbürdet. Das ist offensichtlich die falsche Strategie, mit einem hektischen Chef umzugehen.

Contra geben geht bei Antreibern immer schief. Versuchen Sie nicht, einen hektischen Chef herunterzubremsen, gehen Sie sein Tempo mit. Klagen Sie nicht, das verschwendet nur die kurze Zeit, die Sie mit dem Chef haben. Stellen Sie in dieser Zeit möglichst konkrete Fragen: «Bis wann wollen Sie das erledigt haben? Ist das wichtiger als X (was Sie gerade auf dem Tisch haben)? Welches Ergebnis soll herauskommen?» Wenn er sich windet und schon wieder auf dem Absprung ist, verhandeln Sie mit ihm: «Chef, wenigstens fünf Minuten. Sonst kann ich das nicht zu Ihrer Zufriedenheit erledigen.» Das hilft meist, denn der hektische Chef will nur deshalb so schnell wieder weg, weil er denkt: «Jetzt fragt der mir stundenlang ein Loch in den Bauch!» Vor allem, wenn Sie selbst als «Be perfect!» bekannt sind! Fünf Minuten kann jedoch auch ein «Hurry up!» erübrigen. Was danach nicht erschöpfend beantwortet ist, können Sie sich aus anderen Quellen holen. Es ist jedenfalls bedeutend weniger, als wenn sie gleich zur Sekretärin gehen.

Denken Sie immer daran: Ihr Chef ist ein Hektiker, kein Perfektionist. Es ist ihm im Grunde piepegal, *wie* die Arbeit erledigt wird. Er will nur, *dass* sie erledigt wird. Wenn Sie fünfzig Prozent abliefern, merkt er das meist nicht mal. Im Gegenteil. Da er ein «Hurry up!» ist, haut er Ihnen auf die Schulter: «Klasse! Schnell erledigt! Darauf kommt es an!» Selbst wenn er, unwahrscheinlicher Fall, sagt: «Aber da fehlt ja was!», seien Sie clever, seien Sie biblisch, vergelten Sie Gleiches mit Gleichem: «Aber das dauert doch viel zu lange! Das hält doch nur auf! Das muss zackzack gehen!»

Sie trauen sich nicht, nur fünfzig Prozent abzuliefern? Auch wenn Sie wissen, dass Ihr Chef ein «Hurry up!» ist? Okay, aber das ist nicht das Problem Ihres Chefs. Das ist Ihr Problem. Es heißt «Be perfect!»

Ist Ihr Chef ein «Please me!», nützt es nichts, wenn Sie ihm sagen: «Hauen Sie höhern Orts endlich auf den Tisch! Da muss was geschehen! So geht das nicht weiter!» Er kann nicht. Er möchte es denen da oben recht machen. Werden Sie gleich höhern Orts vorstellig. Das ist zwar eine grobe Verletzung des Dienstweges. Aber der einzige, der das ernsthaft monieren könnte, tut es nicht, da er es auch Ihnen recht machen möchte. Sie können nicht so einfach Ihren Chef übergehen? Auch wenn dieser ein eklatanter «Please me!» ist? Räumen Sie Ihren eigenen «Please me!» aus. Das mag einige Tage dauern, aber irgendwann sind Sie auch so weit.

Wenn uns gleichgestellte Personen angetrieben werden, ist das Problem nicht ganz so komplex wie beim Chef. Zwar hilft ausreden immer noch nichts: «Hör endlich auf, auch noch meine Unterhosen zu bügeln! Das ist ja nicht zum Aushalten!» – «Aber dann passen viel mehr aufeinander in die Schublade!» Man kann niemandem den Antreiber ausreden. Aber man kann den Menschenverstand wieder einschalten, indem man ganz vernünftig mit dem Betreffenden redet: «Ich finde es toll, wie du den ganzen Haushalt in Schuss hältst (niemals mit Kritik beginnen, Partner macht zu, aber: Anerkennung muss konkret und glaubwürdig sein). Aber es gibt Wichtigeres als gebügelte Unterhosen. Seit Wochen hatten wir keine Zeit mehr für uns. Ich möchte mal wieder mit dir tanzen gehen ...» «Aber der Haushalt. Da muss noch so vieles getan werden.» Kritische Stelle, «Be perfect!» bäumt sich auf, also nie widersprechen, sondern: «Ja, stimmt. Aber es gibt Wichtigeres. Wir sind wichtiger. Oder möchtest du, dass wir irgendwann das perfekte Haus haben, uns aber nichts mehr zu sagen haben?» Wenn das den Perfektionismus überragende Ziel eingeführt wird, beginnt der «Be perfect!» meist nachdenklich zu werden. «Hm, stimmt schon, aber die Unordnung im Keller ...» Jetzt kommt das Angebot der Erlaubnis (s. o.): «Niemand wird sich darüber beschweren. Die Kinder sind im Bett, und ich, ich werde mich nicht beschweren. Also: Was hält uns noch? Und wenn's dich danach immer noch juckt, dann helfe ich dir morgen mit dem Keller.»

Ziemlich umständlich, nicht? Wenn der Chef Haare spaltet oder Hektik macht, wenn der Partner es zu genau nimmt, kann man nicht einfach sagen: «Wie bitte? Schraube locker? Komm auf den Boden zurück.» Das heißt, können kann man schon. Leider wissen wir recht gut, was dabei herauskommt. Meist ein mittelschwerer Krach mit abschließender Resignation: «So ist der halt. Der ändert sich nimmer!» Falsch. Er würde sich schon ändern. Aber nicht, solange man mit der Keule draufhaut. Draufhauen funktioniert nicht, wird aber – Macht der Gewohnheit – als richtig empfunden. Es dauert eine Weile, bis man sich den Antreiber-Nussknacker rhetorisch antrainiert hat. Und das ist bitter nötig. Denn die Antreiber ruinieren unser halbes Leben.

In einem deutschen Labor gibt es eine zwanzigköpfige Abteilung, die seit Jahren versucht, die Kfz-Wischerblätter von 95 auf 98 Prozent Wasserabscheidung zu bringen. Die Ingenieure sind mächtig stolz auf diese «Herausforderung» und ihre Fortschritte im Promillebereich. Manche Unternehmensentscheidungen kann man nur verstehen, wenn man die Antreiber versteht. Im Fall der Wischerblätter hat «Be perfect!» schon Millionen verschlungen. Kürzlich machte ein neuer Geschäftsführer dem Antreiber-Spuk ein Ende. Er machte die Ingenieure nicht zur Schnecke, sondern sagte lediglich: «Wenn ihr oder der Außendienst mir binnen vier Wochen einen Käufer präsentiert, der diesen nicht mehr wahrnehmbaren Unterschied bezahlt, könnt ihr weiterforschen.» Es fiel den Ingenieuren schwer, doch nach vier Wochen sahen sie ein, dass in dieser Situation «Be perfect!», die typisch deutsche Tugend, geradewegs in den Bankrott führt.

*«Hatten Sie schon mal diese Sperre im Kopf?»*
*«Mein ganzes Leben lang.»*
Ray Liotta und Whoopi Goldberg in «Corinna, Corinna»

*«For the impossible he who lives inside me»*
Erica Jongs Widmung zu ihrem Roman «Any Woman's Blues»

# 6 Die Erfolgsblockade: Teile der Persönlichkeit

## Wenn nichts mehr geht

Wie kommen Sie voran? Bestimmt hatten Sie schon das eine oder andere Aha-Erlebnis. Vielleicht entdeckten Sie, welcher Sekundärgewinn eines Ihrer Ziele ausbremst oder wo in Ihrem Zielrahmen sonst etwas nicht stimmt (beide Kapitel 2). Vielleicht haben Sie schon einige der Sabotagetonbänder in Ihrem Hinterkopf entdeckt (Kapitel 3). Welche Desasterfilme laufen bei Ihnen (Kapitel 4) ab?

Bereits an diesen drei Sabotageabwehrstrategien erkennen wir eine Stufenfolge. Wir können in unserem Leben viel mehr erreichen, wenn wir unsere Ziele in einen besseren Rahmen stecken oder den Sekundärgewinn integrieren. Wenn das nicht reicht, wenn wir trotz sauber geklärten Zielen immer noch gegen Erfolgsmauern stoßen, gehen wir einfach einen Schritt weiter: Was behindert uns? Wir entdecken Tonbänder und Filme. Und wenn trotz neuen, überarbeiteten Bändern und Filmen eigentlich unerklärliche Rückfälle passieren, gehen wir noch einen Schritt weiter. Wir schauen nach, welche Antreiber die Negativfilme immer wieder einschalten (Kapitel 5).

Mit diesen vier Stufen (Ziele – Bänder – Filme – Antreiber) werden Sie einen Großteil Ihrer bislang unerreichten Ziele erreichen. Manchmal bleibt ein Rest:

- Obwohl Sie Ihren Erfolgsfilm absolut sicher beherrschen, schaltet sich der Desasterfilm unerklärlicherweise immer wieder ein.
- Trotz höchster Achtsamkeit und bestem Training können Sie Ihre(n) Antreiber nicht unter Kontrolle bekommen.
- Sie würden Ihr Ziel gerne per Kontextplanung und Erfolgsfilm planen, aber Sie wissen überhaupt nicht, was Ihr Ziel ist: Sie sind zwischen mindestens zwei Wünschen hin- und hergerissen und können sich für keinen entscheiden, ohne ein schlechtes Gewissen zu haben.
- Es passieren immer wieder Rückfälle, die eigentlich nicht passieren dürften.
- Sie sind in bestimmten Situationen einfach blockiert.

Diese Blockadesituationen tauchen regelmäßig auf. Wir möchten eigentlich superkreativ sein, um dem neuen Kunden eine tolle Lösung zu präsentieren – aber im Kopf ist Flaute. Wir möchten endlich dem Chef Feedback geben, aber wir trauen uns einfach nicht oder finden nicht die richtigen Worte. Michael hat das Angebot seines Lebens: «Werksleiter in Hamburg – ausgerechnet jetzt, wo die Familie sich endlich in München eingelebt hat. Wir würden unseren gesamten Freundeskreis verlieren!» Wenn man derart hin- und hergerissen ist, nützen auch die smarteste Zielformulierung, der zahmste Antreiber und die probaten Self-Management-Mittel wie zum Beispiel die Pro/Contra-Liste nicht weiter:

Neuer Job? Umzug nach Hamburg?

| **Pro** | **Contra** |
|---|---|
| Der Karrieresprung | Neue Unsicherheiten |
| Mehr Gehalt | Verlust alter Freunde |
| … | |

Michael listet alle Pros und Cons auf – das ist es doch, was die Erfolgsratgeber raten. Hinterher ist er so schlau als wie zuvor, wie Faust sagt. Sein Kopf weiß zwar genau, was Sache ist. Aber vom Gefühl her ist er noch immer gespalten: «Einerseits möchte ich nach Hamburg, andererseits möchte ich hierbleiben …» Kurz: Er ist blockiert. Er will sich entscheiden, aber er kann nicht. Wir kennen diese innere Blockade von vielen Gelegenheiten. Vor allem Kreative wie Journalisten, Schriftsteller, Konstrukteure, Designer, Texter, Führungskräfte, Werbeleute oder Verkäufer kennen dieses Gefühl. Man will oder muss, aber kann nicht. Einige dieser Phänomen haben sogar eigene Namen, wie der *Writer's Block,* die Schreibblockade. Das klingt ein bisschen nach Schnupfen: eine Krankheit, die man hat, aber eigentlich nichts dafür kann. Doch das stimmt nicht. Wir können sehr viel dafür oder besser: dagegen.

## Lärm im Kopf

Jeder weiss wie es ist, wenn man innerlich blockiert ist. Und wir wissen, wie unüberwindlich dieses Gefühl erscheint. Hinterher verfliegt es meist – wenn es zu spät ist. Wie aber löst man die Blockade dann, wenn's drauf ankommt? Der Schlüssel zur Blockadelösung liegt in einer Äußerung von Michael: «Einerseits möchte ich nach Hamburg, andererseits möchte ich hierbleiben …» Wie kann ein und dieselbe Person zwei gegensätzliche Dinge wollen? Ich habe doch nur einen Kopf, also sollte ich auch nur eine Meinung haben. Das geht doch gar nicht anders! Und wie das geht. Wir machen diese Erfahrung täglich.

Manchmal ist der Lärm in unserem Kopf nicht auszuhalten. Während wir am Schreibtisch sitzen und unserer Arbeit nachgehen, sagt eine innere Stimme: «Viel lieber würde ich jetzt was anderes machen.» Sofort kontert eine andere Stimme: «Aber diese Arbeit ist wichtig!» Und eine dritte meckert: «Delegier doch die Routineaufgaben endlich jemand anderem!» Bei diesen ständigen Begleitgeräuschen kann man kaum einen klaren Gedanken fassen. Manche Menschen nehmen diese inneren Stimmen nicht als Stimmen, sondern als Chaos der Gefühle wahr: Wir sehnen uns nach ein bisschen Ruhe, aber dann packt uns das schlechte Gewissen, und sofort kommt der Überdruss gegen diesen Job hinzu … Manchmal hat man das Gefühl, unter einer Gefühlslawine begraben zu werden.

Was ist los in unserem Kopf beziehungsweise in unserem Bauch? Wovon die UFO-Jünger träumen, ist längst wahr geworden: Wir sind nicht allein. Ständig geistern eine Menge Stimmen, Bilder und Gefühle in unserem Inneren herum. An der Bar steht ein toller Typ. In Bruchteilen einer Sekunde ist ein ganzes Gremium in unserem Kopf/Bauch versammelt:

- Die beste Freundin: «Jetzt steh nicht rum! Sprich ihn an!»
- Die Mama: «In diesem Kleid? Was denkt er dann von dir!»
- Die Skeptikerin: «Na, sein Typ bist du bestimmt nicht.»
- Die Draufgängerin: «Was soll's? *No risk no fun!*»
- Die Vernünftige: «Schon wieder eine neue Beziehungskiste?»

Zwei Seelen sitzen, ach, in meiner Brust, sagt Goethes Faust. Nur zwei? Der Mann hat's gut. Meist ist es eine ganze Handballmannschaft. So gesehen ist man nie allein, auch wenn man allein ist. Der Volksmund weiß, dass unsere Persönlichkeit aus vielen Teilen besteht, wie die Redewendungen zeigen: sich selbst ein Bein stellen, sich im Wege stehen, innerlich zerrissen sein, mit sich selbst uneins sein, das Kind im Manne – bei allen diesen Sprachfiguren kann man sich bildhaft vorstellen, wie in uns noch jemand steckt, der uns ein Bein stellt, uns im Wege steht, sich kindisch verhält … Unsere Persönlichkeit hat viele Teile. Und diese Teile reden. Ständig. Das kann recht amüsant sein. Man bewegt sich in guter Gesellschaft und hat immer jemanden, mit dem man reden kann. Wenn man sich gut mit seinem inneren Team versteht. Wenn nicht, passiert genau das, was auch im äußeren Leben passiert, wenn ein Team sich nicht versteht: Es sabotiert sich selbst. Wir sind blockiert.

## Die innere Blockade entdecken

Wann immer wir innerlich zerrissen sind, treibt ein Teamspieler quer. Das passiert alltäglich. Wir sollten jetzt das Auto zum Kundendienst bringen, aber eigentlich möchten wir auch diesen Bericht zu Ende tippen. Wir tippen zwar den Bericht zu Ende, haben aber ständig diese innere Stimme im Kopf: «Geh zum Kundendienst!» Man kann diese Stimme ignorieren. Beim Kundendienst ist das nicht so schlimm. Schlimm wird es nur, wenn der ignorierte Teil grobe Geschütze auffährt. Wie bei Michael. Er müsste eigentlich eine Entscheidung treffen, die sein Leben verändern wird, kann aber nicht. Ein Teil seiner Persönlichkeit fand so lange kein Gehör, dass er sich nun über eine innere Blockade, einen Sitzstreik sozusagen, Gehör verschafft – weil es anders nicht mehr geht. Die Stimmen in unserem Kopf sind nicht nur weißes Rauschen. Sie sind nicht nur so zum Spaß da. Nein, die inneren Stimmen reden, weil sie *gehört werden wollen*. Sie haben uns was zu sagen.

Hört man längere Zeit nicht hin, hat das, wie bei Michael, fatale Folgen. Der ignorierte Teil von uns stellt uns ein Bein. Wir fühlen uns zerrissen, blockiert, von rätselhaften Rückfällen oder Erfolgsblockaden verfolgt. Gerade als Michael zum entscheidenden Karrieresprung ansetzt, lähmt Teil X seiner Persönlichkeit seine Beine – er bleibt mitten im Anlauf stehen und weiß nicht vor noch zurück. Obwohl wir unseren Antreiber abtrainiert haben, kommt er immer wieder zurück. Obwohl wir einen perfekten Erfolgsfilm gebastelt und zigmal abgespielt haben, wachen wir nachts um vier doch wieder auf, und der Desasterfilm läuft. Warum? Weil ein Teil unserer Persönlichkeit sich der Desasterfilme und Antreiber bedient, um auf sich aufmerksam zu machen. Je weniger wir auf bestimmte Teile hören, desto stärker aktivieren sie Bänder, Filme und Antreiber, um auf sich aufmerksam zu machen. Wer also immer noch trotz bestem Training Probleme hat, seine Wünsche wahr zu machen, muss die verschütteten Persönlichkeitsteile ausgraben.

Diese Ausgrabungsarbeit ist nicht leicht. Manche Menschen schreckt schon der Gedanke daran ab. «Teile? Ich habe doch keine Teile in meinem Kopf. Ich bin doch nicht verrückt.» Natürlich nicht. Vielleicht ist der Begriff «Teil» etwas unglücklich. Niemand teilt sich gerne auf oder leidet gerne unter Persönlichkeitsspaltung. Aber jeder Mensch hat seine guten und seine weniger guten Seiten. Wir sind vielseitig. Wir haben viele Seiten. «Hey, von dieser Seite kenne ich dich noch gar nicht!» «Siehste? Ich habe viele verborgene Qualitäten.» Dass diese Seiten zu uns sprechen, ist eigentlich ganz akzeptabel. Wie sonst könnten wir sie nutzen?

Michael hat seinen Teil X, der ihn blockiert, schon so lange ignoriert, dass er gar nicht mehr weiß, wer da hinter seinem Rücken Randale macht. Manche Menschen wollen das auch gar nicht wissen. Sie regen sich lieber höllisch über Teil X auf: «Verdammt noch mal, warum funkst du mir jedes Mal dazwischen, wenn ich einen Typ ansprechen will?» Oder: «Warumwarumwarum bin ich immer so arrogant, wenn ich präsentieren muss?» Das Problem ist: Solange man sich nur drüber aufregt, hört das nicht auf. Die Erfolgsblockade besteht so lange weiter, wie Teil X ignoriert wird. Wobei Erfolgsblockade im weitesten Sinne zu verstehen ist. Blockiert zu sein, kann vieles bedeuten. Zum Beispiel, dass wir ein bestimmtes Verhalten einfach nicht abstellen können. Oder dass wir ein bestimmtes Verhalten nicht herstellen können. Zum Beispiel gewinnendes Auftreten oder kompetentes Führungsverhalten. Oder dass wir einen Zustand nicht beenden oder herstellen können: dauernd sind wir müde, unkonzentriert, schlecht gelaunt, ideenlos, lustlos oder anfällig für Krankheiten. Viele Menschen suchen sich geradezu ihre Krankheiten. Das heißt, nicht sie suchen, sondern ihr Teil X. Da lohnt es sich, auf die Suche nach Teil X zu gehen.

## Die Suche nach Teil X: Wer spricht denn da?

Wann immer wir das Gefühl haben, in einer bestimmten Situation oder bezüglich einer bestimmten Frage, Angelegenheit oder Entscheidung innerlich zerrissen, blockiert, unentschlossen, verwirrt oder nicht im Reinen mit uns selbst zu sein, stellt uns ein Teil von uns ein Bein.

Das tut er so lange, bis wir Kontakt zu ihm aufnehmen und die Blockade klären. Suchen Sie sich ein Vorhaben oder eine Situation aus, in der Sie trotz vieler Anstrengungen nicht weiterkommen. Eine der typischen liegen gebliebenen, unerledigten Angelegenheiten. Nehmen Sie Kontakt mit dem Teil von Ihnen auf, der hier etwas zu sagen hat. Es ist leicht, Kontakt zu seinen Persönlichkeitsteilen herzustellen. Auf unseren Seminaren nennen die Teilnehmer ganz spontan die Teile, die ihnen präsent sind, zum Beispiel:

- Der Gesundheitsteil: «Das ist ungesund. Iss nicht so viel Fettes!»
- Der Genussteil: «Ach was, gönn dir mal was!»
- Der Pflichtteil: «Das gehört sich so und so. So macht man das.»
- Der Harmonieteil: «Hauptsache, wir kommen gut miteinander aus.»
- Der Risikoteil: *«No risk no fun.* Man muss auch mal was wagen.»
- Der Sicherheitsteil: «Geh lieber auf Nummer sicher.»
- Der Ethikteil: «Was wäre, wenn alle so dächten?»
- Der Kreativitätsteil: «Das könnte man doch ganz anders machen!»
- Der Durchsetzungsteil: «Gib nicht nach. Setz dich durch!»

### 1. Schritt: Wer spricht zu mir? Welcher Teil ist verantwortlich?

Klinken Sie sich für fünf Minuten aus der Alltagshektik aus. Schließen Sie die Tür. Wie man eventuell auftauchende Antreiber, die Sie davon abhalten wollen, zur Ruhe bettet, wissen Sie inzwischen (Kapitel 5). Also dann. Begeben Sie sich geistig in Ihre Erfolgsblockade hinein. Was gelingt nicht? Welches eigene Verhalten oder welcher Zustand stört Sie? Welche Gefühle steigen dabei in Ihnen auf? Wut, Frust, Ärger, Hilflosigkeit, Enttäuschung, Sorge, Zweifel …? Machen Sie sich bewusst: Hier wirkt ein Teil von mir, der mir bisher nicht bewusst war. Wie macht sich dieser Teil bemerkbar? Wenn Sie an Ihre Blockade und den verborgenen Teil X denken,

❒ gehen Ihnen dabei Gedanken, Ideen, Bilder durch den Kopf?
❒ läuft ein Tonband, fällt ein Stichwort?
❒ kommt ein bestimmtes Gefühl hoch?

Welcher Teil in mir ist verantwortlich für dieses lästige Verhalten oder dieses unangenehme Gefühl, das ich einfach nicht loswerde? Manchmal meldet sich der Teil sofort, eben weil er so lange nicht gehört wurde. Manchmal meldet er sich erst nach wiederholtem Fragen, weil er so lange nicht gehört wurde und verschüttet ist. Mit etwas Übung können Sie bald schon den Kontakt zu Teil X auch ohne Rückzug in ein stilles Kämmerlein herstellen. Es reicht dann völlig, kurz innezuhalten und sich zu fragen: «Moment, was mache ich eigentlich? Und warum? Wer steckt dahinter?»

Nicht immer ist die Kontaktaufnahme eine freudige Begegnung mit Teil X. Manchmal würde man Teil X am liebsten hochkant rauswerfen. «Was bildet der sich eigentlich ein? Ich reiß mir hier einen aus, lege mich ins Zeug, und der fährt mir in die Parade!» Einen Ehepartner, der sich so was leistet, würde man verlassen. Einen Mitarbeiter rauswerfen, einem Freund die Freundschaft aufkündigen. Und tatsächlich versuchen wir das auch ständig unbewusst: «Jetzt halt endlich die Klappe, wenn ich mich mit dem Chef unterhalte!» «Funk mir nicht dauernd dazwischen! Ich muss mich konzentrieren.» Wie gut das funktioniert, haben wir erfahren. Da wir uns eben nicht von einem eigenen Persönlichkeitsteil scheiden lassen können, geht der verschmähte Teil in den Untergrund und blockiert uns.

### 2. Schritt: Was will Teil X von mir? Welche Absicht hat er?

Versuchen wir gleich gar nicht, Teil X vor die Tür zu setzen. Was das bringt, erfahren wir täglich. Nichts. Versuchen wir lieber herauszufinden, weshalb er uns blockiert. Warum lässt der Blockierer Michael nicht nach Hamburg umziehen? Wo dort doch die Karrierechance auf ihn wartet! Was will der Teil? Auch das sagt er uns. Aber erst, wenn er gefragt wird. Sprechen Sie Teil X direkt an. Er blockiert Sie nur deshalb, weil er mit Ihnen reden will. Also reden Sie mit ihm. Fragen Sie ihn, was er sich eigentlich dabei denkt: «Was willst du? Was willst du damit erreichen? Was willst du von mir?» Erwarten Sie kein gestochen scharfes, perfekt durchformuliertes E-Mail von Teil X. Teil X hat es gern geheimnisvoll. Er spricht in Rätseln, in Symbolen, Gefühlen, wilden Assoziationssprüngen und nebulösen Gedanken zu Ihnen. Das ist ein Riesenfortschritt. Denn bislang sprach er nur über die Sabotage zu Ihnen. Also gratulieren Sie sich. Teil X spricht mit Ihnen. Spüren Sie seinen Andeutungen und diffusen Gefühlen nach. Schon nach kurzer Zeit trifft Sie ein Gedankenblitz oder ein überwältigendes Gefühl. Sie haben Ihr Aha-Erlebnis. Sie verstehen nun, woher die Blockade kommt, was Teil X damit bezweckt. Regelmäßig gibt es dabei eine Überraschung: Teil X ist überhaupt kein Saboteur! Er meint es gut mit uns! Er hat im Grunde eine positive Absicht. Er wahrt eines unserer Interessen. Er packt es nur leider völlig falsch an.

Als Michael in sich hineinhorcht, kommt ihm plötzlich «Tennis» in den Sinn. Zuerst wischt er es weg: «Ich darf mich jetzt nicht ablenken lassen! Ich muss dranbleiben und das Ziel von Teil X herausbekommen!» Aber dann fällt ihm ein, dass genau dieses Verhalten falsch sein könnte. Weggewischt hat er bislang viel zu oft. Vielleicht ist «Tennis» das, was ihm Teil X sagen will. Und je länger er darüber nachdenkt, desto mehr Glieder bekommt seine Gedankenkette: in letzter Zeit nie mehr Tennis gespielt – keine Zeit, zu viel Arbeit – Tennis machte früher so viel Spaß – mit dem neuen Job gibt es bestimmt noch mehr Arbeit – noch weniger Tennis. Aha! Teil X will Michael nur davor bewahren, auszubrennen. Auch wenn Teil X dabei die Notbremse ziehen muss. Weil der Tennisimpuls so oft abgeblockt wurde – «Nicht jetzt, keine Zeit!» – ging Teil X irgendwann in den Untergrund und blockte zurück.

Schritt 2 erfordert viel Achtsamkeit. Denn im ersten Moment erscheint uns das, was da hochkommt, als absurd, bizarr oder völlig daneben. Manchmal nehmen wir es auch gar nicht wahr, wenn Teil X sich endlich zu Wort meldet. Weil er so zaghaft, undeutlich, leise und irrational spricht. Wir warten auf das große Neonschild, die sonore Stimme aus dem Hintergrund: «Und hier kommt des Rätsels Lösung!» Leider ist Teil X kein Tagesschausprecher. Er verlautbart nicht. Er macht geflüsterte Andeutungen. Man benötigt gute Ohren und einen wachen

Geist, um das mitzubekommen. Introspektion ist nicht wie Telefonieren. Eher wie Sonarhorchen im U-Boot: Schon das kleinste «Ping» kann den großen Unterschied bedeuten.

Sobald wir die gute Absicht des Blockadeteils entdecken, verspüren wir eine innere Hemmung, ihn weiter «Blockadeteil» zu nennen. Und das ist noch ein zahmer Begriff. Susi nennt ihren Rendez-vous-Zerstörer zunächst den «Feigling in mir». Doch sobald man die Absicht des Blockierers kennt, bekommt man ein schlechtes Gefühl, wenn man ihn beschimpft. Sich selbst zu beschimpfen, ist irgendwie nicht sonderlich konstruktiv. Vor allem, wenn man die Blockade abstellen will. Denn bislang taten wir ja nichts anderes: «Nicht jetzt! Ich muss mich konzentrieren! Denk an was anderes!» Teil X hat uns nur deshalb so lange blockiert, weil wir ihn ständig verdrängten. Wollen wir die Blockade aufheben, müssen wir unser Verhalten umdrehen: Akzeptieren statt ablehnen. Akzeptieren heißt nicht in Bausch und Bogen gutheißen. Akzeptieren beginnt damit, dass wir Teil X keine Schimpfnamen geben, sondern einen konstruktiven Namen. Die Teileliste oben ist konstruktiv. Man könnte den Gesundheitsteil darin auch ganz anders nennen: Spaßverderber, Müslifetischist … Tut man aber nicht, wenn man die Blockade loswerden will.

Natürlich ist die Namensgebung nur ein Gedankenspiel. In uns wohnen keine Leute mit Namen. Namen für innere Teile sind lediglich ein Gedankenmodell, das uns den Umgang mit Persönlichkeitsteilen erleichtert. Sie können das spüren, sobald Sie Schritt? mit einem Dank an Teil X abschließen und ihm zusichern, dass seine Interessen auch weiterhin gewahrt werden. Michael nennt seinen Teil X den Spaßteil. Er hat ihn vermisst. Und das sagt er ihm auch. Sofort fühlt er – Michael – sich um Tonnen erleichtert. Die Blockade ist zwar noch da, aber sie drückt ihn nicht mehr runter. Diese innerliche Befreiung ist wichtig. Bedanken Sie sich bei Teil X. Er hat ein nobles Ziel, eine gute Absicht, ein wichtiges Interesse. Dass er sich bei der Wahl seiner Mittel vergriff, ist nicht ausschließlich seine Schuld. Wir haben ihn zum Teil auch dazu getrieben, weil wir ihn zu lange ignorierten. Also sagen Sie ihm das. Kommt Ihnen dämlich vor, mit sich selbst zu reden?

Manchen Menschen fällt es schwer, vernünftig mit anderen Menschen zu reden. Das beginnt schon bei so unschuldigen und liebenswürdigen Wesen wie Kleinkindern: «Heb das endlich auf! Mach keine solche Sauerei!» fällt viel leichter zu sagen als: «Hoppla, bitte heb das wieder auf. Mama hat sonst eine Mordsarbeit damit und ist traurig.» Funktioniert nicht? Dann reden Sie schon viel zu lange im Kasernenhofton mit Ihrer Umgebung. Homo sapiens heißt grob übersetzt: vernunftbegabtes Wesen. Es kostet manchmal Überwindung, aber wir können vernünftig mit uns und anderen reden. Mit weitreichenden Konsequenzen. Man hat herausgefunden, dass große Motivatoren, also jene Führungskräfte und Menschen, denen andere begeistert folgen, keine genialen Tricks draufhaben, sondern einfach nur mit Respekt und Einfühlungsvermögen zu anderen reden. Und dass Menschen mit unerschütterlichem Selbstvertrauen keinen überragenden Intellekt haben, sondern lediglich einen höflichen und vernünftigen Umgangston mit sich selbst pflegen. Also bedanken Sie sich bei Teil X für die Wahrung eines Ihrer Interessen. Der Name, dem Sie ihm geben, sollte diese gute Absicht widerspiegeln. Plötzlich ist Teil X nicht mehr der Saboteur, Blockierer oder Beziehungskiller, sondern der Spaßteil, der Sicherheitschef oder der Wahrer der Eigenständigkeit.

Sie wissen immer noch nicht, warum zum Kuckuck Ihr Teil X Sie sabotiert? Das kommt vor. Teil X ist ein echter Guerillero. Er war so lange im Untergrund, dass er sich nicht so schnell wieder ins Freie wagt. Macht nichts. Bedanken Sie sich trotzdem bei ihm. Auf Vorschuß. Sie wissen ja, dass er Ihnen etwas sagen will. Er wird schon reden, wenn er davon überzeugt ist, dass Sie es ernst mit ihm meinen und ihn nicht gleich wieder unterbuttern, sobald er seine Interessen anmeldet. Sie wissen auch, dass er im Grunde ein gutes Ziel verfolgt, nur mit den falschen Mitteln. Also ist Ihr Dank objektiv gerechtfertigt. Und subjektiv bitter nötig. Denn was bedeutet eine Blockade letztlich? Dass Ihr Selbstvertrauen gestört ist. Wenn schon einzelne Teile Ihrer Psyche gegen Sie rebellieren … Dieses Selbstvertrauen gewinnt man nur zurück, indem man Vertrauen schenkt. Vertrauen ist ein Deal auf Gegenseitigkeit. Wenn jeder wartet, bis der andere den ersten Schritt tut, passiert nichts. Pflegen Sie Ihr Selbstvertrauen. Bedanken Sie sich bei Teil X. Und rufen Sie die gute Fee.

## Die gute Fee verrät: Was will Teil X?

Sie haben Ihren Teil X gefunden. Sie haben eine erste Beziehung zu ihm hergestellt. Aber was er will, ist Ihnen noch schleierhaft. Das finden wir jetzt heraus. Versetzen Sie sich geistig in Ihre Blockade hinein. Welches Verhalten, welchen Zustand empfinden Sie als Blockade? Lassen Sie das Gefühl für die Blockade wieder hochkommen.

Sie haben die gute Fee gerufen, hier ist sie schon. Sie erfüllt Ihnen einen Wunsch. Sie hebt die Blockade auf. Wenn Sie Probleme mit der guten Fee haben, stellen Sie sich stattdessen vor, dass in zwei Wochen, Monaten oder Jahren die Blockade endlich verschwunden ist. Tun Sie einfach so, als ob die Blockade jetzt, in diesem Moment aufgehoben ist, und fragen Sie sich: Freue ich mich jetzt? Ist endlich eingetreten, was ich mir so lange wünschte? Was sind die Nebenwirkungen? Aber sicher. Jedes Wohl hat (mindestens) ein Wehe. Endlich Sahnetorte, so viel ich mag, führt unweigerlich zu einem verdorbenen Magen. Natürlich ist die Blockadeaufhebung ein Segen – aber was bringt er mit sich? Suchen Sie die negativen Folgen und wenn Sie Ihnen auch noch so an den Haaren herbeigezogen scheinen. Michaels Negativfolgen sind klar: Teil X glaubt, dass nach einer neuerlichen Beförderung der Spaß total gestrichen ist. Aber welche Negativfolgen könnten zum Beispiel Elvira das Abgewöhnen des berufsbedrohenden Lasters des Zuspätkommens verbauen? Sie hat schon zwei Abmahnungen in der Tasche. Warum kommt sie nicht endlich pünktlich? Pünktlichkeit hat doch nur Vorteile! Mal abgesehen von der Disziplin, die es erfordert. Aber Disziplin ist doch kein Nachteil! Also wo sollen hier Negativfolgen liegen?

Wenn Elvira sich jedoch vorstellt, von nun an immer pünktlich zu sein, hört sie ganz leise ihren Freiheitsteil klagen: «Die vereinnahmen dich noch total!» Ihr Individualitätsteil findet es schön, wenn sich alle Köpfe nach ihr umdrehen, wenn sie zu spät in die Sitzung kommt. Und so finden sich für jeden Segen mindestens zwei Nachteile.

Finden Sie Ihre und stellen Sie ihnen jeweils jenen Persönlichkeitsteil gegenüber, der diesen Nachteil verhindern möchte. Geben Sie diesem wiederum einen Namen, der seine positive Absicht würdigt:

1. unerwünschter Nachteil:

.........................................................................................

wird verhindert durch:

.........................................................................................

2. unerwünschter Nachteil:

.........................................................................................

wird verhindert durch:

.........................................................................................

3. unerwünschter Nachteil:

.........................................................................................

wird verhindert durch:

.........................................................................................

Bedanken Sie sich bei diesen Teilen. Anerkennen Sie deren Verfolgung einer noblen Absicht. Dass sie die falschen Wege gewählt haben, klären wir nachher. Lassen Sie gerade für diesen Schritt keine Ausrede gelten. «Danke» ist ein mächtiges Wort, ein Anker für gute Gefühle und (Eigen-)Motivation. Das Wort, sagt der Dichter, ist mächtiger als das Schwert. Und unter den mächtigen Worten ist «Danke» ein geradezu magisches. Stellen Sie sich vor, Ihr Chef sagt zu Ihnen: «Danke. Ich bin Ihnen echt dankbar, dass Sie das erledigt haben. Ich habe mir etwas Sorgen um diese Aufgabe gemacht. Sie haben mir diese Sorge genommen. Danke.» Eine Seminarteilnehmerin sagte darauf einmal: «Wenn das mein letzter Chef ein einziges Mal zu mir gesagt hätte, würde ich heute noch für ihn arbeiten.»

## Die Verhandlung mit Teil X

Unsere inneren Persönlichkeitsteile bilden eine Mannschaft, ein Team, eine Familie, eine Schiffsbesatzung, eine Firmenbelegschaft oder welche Team-Metapher auch immer Sie bevorzugen. Wenn wir den Stürmer einer Fußballmannschaft bei laufendem Spiel aus der Mannschaft werfen, bricht der Angriff zusammen. Wir spüren das täglich. Je stärker wir gegen die Sabotage von Teil X ankämpfen und ihm den Mund zu verbieten suchen, desto heftiger sabotiert er uns. Actio = Reactio. Es macht alles nur noch schlimmer, sich gegen das eigene Team zu stellen. Im Team ist man nur gemeinsam stark. Also müssen wir den Teamzwist irgendwie schlichten.

Diese Schlichtung funktioniert. Zwar ist Teil X so stark, dass er stärker ist als unser Wille. Michael will zwar nach Hamburg, aber etwas, Teil X, ist stärker als sein Wille. Aber auch in unserer inneren Mannschaft gibt es einen Kapitän, auf den alles hört. Sie brauchen sich nicht hilflos und ohnmächtig Ihrem marodierenden Teil X ausgeliefert fühlen à la: «Kann ich nix machen. Bin halt so. Ist eben stärker als ich.» Denn so, wie wir unterschiedliche Persönlichkeitsteile haben, so haben wir auch einen inneren Kapitän. Er gehört quasi zur Grundausstattung der Modellreihe Homo sapiens. Das Problem ist nur, dass er nicht immer da ist, wenn die Mannschaft ihn braucht. Also rufen Sie ihn. Wir alle haben einen erwachsenen Teil in unserer Persönlichkeit, der Verantwortung übernehmen kann. Diesen Teil aktivieren Sie jetzt.

Gehen Sie innerlich wieder in die Blockade hinein. Warten Sie, bis Sie ganz darin angekommen sind. Dann vergegenwärtigen Sie sich die drei Teile, die Sie oben als verantwortlich für die Blockade identifiziert haben. Achten Sie darauf, dass Sie diese drei Teile mit ihren positiven Namen anreden. Wenn der Sicherheitsteil nämlich als «Blockadeteil» angeredet wird, bekämpfen Sie ihn wieder. Prompt taucht er ab. Wählen Sie jenen Teil aus, der den größten Anteil an der Blockade hat.

### 3. Schritt: Wie kann die Absicht von Teil X anders erreicht werden?

Bedanken Sie sich bei Teil X dafür, dass er eines Ihrer Interessen wahrgenommen und hartnäckig verfolgt hat. Das fällt einem manchmal schwer. Springen Sie über Ihren Schatten und gestehen Sie ruhig ein, was objektiv durchaus zutrifft: Teil X hat Sie nur schützen wollen und das Interesse, das er verfolgte, ist wirklich Ihres. Machen Sie Teil X Ihr Verhandlungsangebot: «Das Interesse muss natürlich weiterverfolgt werden. Absolut. Keine Frage. Es ist unser beider Interesse. Wir müssen lediglich andere Mittel und Wege finden.» Es ist völlig in Ordnung, wenn Sie mit der Mittelwahl von X nicht einverstanden sind. Das bedeutet noch nicht, dass Sie ihn bekämpfen. Auch bei Menschen ist das so. Man lässt sich vielleicht noch sagen, dass man auf einem anderen Wege mehr Erfolg hätte. Dass man aber die völlig falschen Ziele verfolgt, lässt sich keiner ohne Widerspruch sagen. Vergegenwärtigen Sie sich nochmals die Absicht des dominanten Teiles X. Was will er? Dann suchen Sie gemeinsam einen oder mehrere neue Wege, diese Absicht zu realisieren. Ihr kreativer Teil hilft Ihnen dabei:

neuer Weg 1:

.................................................................................

neuer Weg 2:

.................................................................................

neuer Weg 3:

.................................................................................

Natürlich ist das ein arbeitsintensives Vorgehen. Es wäre einfacher, Teil X zum Teufel zu jagen. Aber das geht nicht, wie wir uns ständig selbst beweisen: Das hat ja die Blockade erst geschaffen! Es reicht auch nicht, die innere Verhandlung nach dem typischen Manager-Macher-Stil zu führen: «Nun stellen Sie sich nicht an! Das machen wir jetzt so und so und damit hat sich's.» Persönlichkeitsteile sind nicht dumm. Sie lassen sich nicht plattmachen oder an die Wand reden. Nur überzeugen. Manche Menschen haben in diesem Punkt mehr Probleme als andere. Ihr ganzes Leben haben sie mit dem Manager-Macher-Gesprächsstil bestritten. Jetzt müssen sie plötzlich ganz anders kommunizieren. Und auch noch mit sich selbst! Das kann schon eine erhebliche Umstellung bedeuten. Aber mit etwas gutem Willen und ein bisschen Übung ist das nicht schwerer zu erreichen als alles andere im Leben auch.

**6-Step-Reframing**

**1.**
Kommunikation mit Teil X aufbauen.

**2.**
Gute Absicht erfragen.
Unterschiede zwischen Absicht und Verhalten.
Gute Absicht würdigen.

**3.**
Neue Lösungen mithilfe des kreativen Teils erfragen.

**4.**
Einverständnis von Teil X prüfen.

**5.**
Einwände anderer Teile prüfen und integrieren.

**6.**
Future Pace.

4. Schritt: Wer könnte dagegen sein?

Wählen Sie den neuen Weg, der Ihnen von den dreien am geeignetsten erscheint. Holen Sie das explizite Einverständnis von Teil X ein: «Wärst du damit einverstanden? Wäre damit dein Interesse gewahrt?» «Ja, völlig.» Damit haben Sie einen Weg aus der Blockade gefunden, stimmt's? Nicht ganz. Denn zwar wird mit dem neuen Weg das Interesse von Teil X gewahrt. Aber könnte nicht ein anderer Teil gegen diesen neuen Weg sein? Wenn Michael für seinen Spaßteil den Job schmeißt und nur noch Tennis spielt, wäre der Spaßteil mehr als zufrieden, der Sicherheitsteil würde jedoch auf die Barrikaden gehen. Also prüfen Sie Einwände anderer Teile.

Teil ... hält dagegen:

.......................................................................................

Teil ... hat dagegen:

.......................................................................................

Teil ... hält dagegen:

.......................................................................................

5. Schritt: Integrieren Sie die Einwände anderer Teile auf dem Verhandlungsweg.

Wie das im Einzelnen funktioniert, sehen wir im nächsten Unterkapitel. Meist geht das jedoch ganz intuitiv. Da Michael nicht Tennisprofi werden möchte, findet er eben einen Kompromiss, der beiden Teilen gerecht wird: Einmal die Woche ist Tennisabend. Wenn alle beteiligten Teile damit zufrieden sind, ist das die Lösung. Also verhandeln Sie so lange, bis alle Einwände berücksichtigt sind. Das ist meist eine Sache von Sekunden.

### 6. Schritt: Was tun Sie wann, wo und wie?

Planen Sie Ihren Lösungsweg aus der Blockade wie ein ganz normales Ziel: smart (siehe Kapitel 2). Vereinbaren Sie mit sich und Teil X vor allem einen realistischen Zeitrahmen für die Umsetzung des neuen Weges. In diesem Punkt besteht bei vielen Menschen ein Defizit. Sie kommen zwar recht gut mit ihren inneren Teilen in Kontakt. Sie erkennen, was sie blockiert und warum. Sie sehen auch, wie man Teil X gibt, was er braucht, damit er die Blockade aufgibt. Leider hapert's dann bei der Umsetzung. Michael weiß, dass er sich regelmäßig ein bisschen Spaß gönnen muss, sonst steigt sein Spaßteil auf die Barrikaden. Aber da der Mensch noch lange an alten Gewohnheiten festklebt, passt es Michael grade nicht – und jetzt auch nicht und jetzt immer noch nicht … Bald ist er wieder blockiert. Wer seinem Teil X einen neuen Weg verspricht, muss ihn auch gehen, sonst taucht die Blockade wieder auf. Am besten, man eignet sich dazu eine neue Gewohnheit an. Michael ist jetzt jeden Donnerstagabend im Tennis-Center. Und er hat allen Kollegen, Mitarbeitern und sogar seinem Chef gesagt: «In diesen drei Stunden dürfen Sie mich nur stören, wenn Blut fließt.» Seither hat sich sein Spaßteil nicht mehr gemeldet. Er freut sich schon die ganze Woche auf die drei Stunden Tennis. Und wehe, er bekommt sie nicht … Teil X schreitet prompt ein.

Sie müssen nicht sofort loslaufen und einen der neuen Wege gehen, um die Blockade aufzuheben. Teil X ist nicht unvernünftig. Er gibt die Blockade bereits auf, wenn Sie ihm das Erfüllen seiner Wünsche in absehbarer Zeit in Aussicht stellen. Teil X ist kein «Hurry up!» Er kann warten. Sieht er aber, dass es Ihnen nicht ernst ist mit Ihrer Absicht und Sie die Erfüllung seines Wunsches auf die lange Bank schieben, schlägt er wieder zu. Man kann sich selbst nicht für allzu lange Zeit für dumm verkaufen.

Sobald Teil X sieht, dass er zu einem gegebenen Zeitpunkt seinen Willen bekommt, gibt er die Blockade bereitwillig auf. Vielleicht flackert sie nochmals kurz auf, wenn Sie wieder in eine ähnliche Situation geraten. Jedes Mal, wenn Michael nach seinem Umzug ein neues Projekt übernehmen soll, fühlt er wieder die Blockade hochkommen. Er bedankt sich dann jedes Mal bei seinem Spaßteil für den Hinweis und terminiert einen Extra-Spaßtermin. Sobald Teil X sieht, dass seine Interessen gewahrt bleiben, zieht er sich zurück. Die Blockade ist aufgelöst, die Verhandlung mit Teil X erfolgreich beendet.

## Die innere Zerrissenheit

Bislang sahen wir, was passiert, wenn ein Teil unserer Persönlichkeit sich plötzlich eigenständig macht. Richtig stressig wird's, wenn zwei das tun. Wir kennen diese Zerrissenheit aus Alltagssituationen. Die Sonne scheint. Wir wollen ins Freibad. Aber eigentlich liegt noch Arbeit da. Wir fühlen uns hin- und hergerissen und hören im Kopf die Teile streiten: «Tu endlich was für deine Gesundheit. Die Arbeit kann warten!» «Nein, eben nicht. Das muss jetzt erledigt werden. Faul herumhängen kannst du heute Abend noch.» «Aber da scheint die Sonne nicht mehr!» – «Ach was, …» Und so weiter. Nicht besonders angenehm. Auf diese Weise kann man sich tage-, ach was, jahrelang das Leben vermiesen.

In einer bestimmten Situation, bei einer bestimmten Aufgabe oder bei einem bestimmten Mitmenschen sind wir immer zerrissen. Und wer zerrissen ist, ist unzufrieden und nicht zum durchschlagenden Erfolg fähig.

Je länger dieser innere Streit andauert, desto heftigere Formen nimmt er manchmal an. Der Streit der Teile eskaliert. Je stärker ein Teil sich durchsetzt, desto stärker kontert der andere Teil. Raucher zum Beispiel können umso stärker zu Vegetariern werden, je stärker sie rauchen. Je despotischer ein Chef heute ist, desto heftiger verwöhnt er seine Mitarbeiter morgen. Die Mitarbeiter denken: «Was ist mit dem los? Gestern so und heute so? Rad ab?» Nein, der Chef leidet nur unter dem Zwist zweier Teile. Denn je heftiger ein Teil über die Stränge schlägt, desto heftiger muss der andere kontern, um die Persönlichkeit im Gleichgewicht zu halten. Paul Watzlawick verwendet ein Bild aus dem Segelsport: Je weiter sich bei Windstille ein Matrose über die Reling eines kleinen Segelbootes hängt, desto weiter muss ein anderer sich über die andere Seite hinaushängen. Sonst kentert das Boot.

Und je weiter die beiden hinaushängen, desto zerrissener leben wir. Heute paffen wir zwei Schachteln weg und essen morgen dafür zwei Salatköpfe. Das kann nicht gesund sein. Außerdem plagt uns ständig das schlechte Gewissen. Heute brüllen wir unsere Mitarbeiter an, und morgen spendieren wir ihnen Kuchen. Das führt zu nichts. Da hebt das eine das andere auf. Es ist, als ob wir ständig in zwei Richtungen gleichzeitig unterwegs sind. Dieser Spagat zerreißt die stärkste Psyche. Denn die geistige Energieverschwendung ist enorm. Man strampelt sich wie wild ab, kommt jedoch nicht wirklich weiter. Das spüren wir auch ständig und laden uns obendrein auch noch diese Frustration auf: «Ich ackere wie verrückt und komme doch nicht weiter!»

Aus diesem Dilemma heraus hilft auch nicht die Lösung aus der Hausapotheke, nämlich einem der beiden Teile den Vorzug zu geben: «Ach was, dann bin ich eben ein Despot. Wenn die Leute mich auch fürchten, Hauptsache, sie gehorchen mir.» Das löst unweigerlich eine Identitätskrise aus. Denn man merkt, dass man im Grunde kein Despot ist: «Das bin nicht ich. So bin ich eigentlich nicht. So ist nur ein Teil von mir.» Folgt man diesem einen Teil zu lange, wird man immer unzufriedener und mürrischer. Kein Erfolg kann einen glücklich machen. Denn im Grunde fühlt man: So will ich nicht sein. Ich will kein Despot, aber auch kein Weichei sein.

Diese Polarisierung, also das zunehmende Auseinanderdriften zweier Persönlichkeitsteile, erklärt auch unerklärliche Rückschläge. Endlich haben wir uns fünf Kilo abgehungert und sind eigentlich ganz stolz auf uns, da futtern wir – hast du nicht gesehen – sieben Kilo wieder rauf. Endlich liegen wir mal im Tagesplan und haben die reelle Chance, um fünf nach Hause zur Familie zu gehen – da verquatschen wir eine geschlagene Stunde mit einem Kollegen! Zwei Kundenbesuche laufen wirklich super, und den dritten setzen wir voll gegen den Baum. Je länger wir harmonisch und ohne Streit mit dem Partner auskommen, desto heftiger lassen wir ihn irgendwann auflaufen. Hinterher ärgern wir uns grün: «Warum musste das sein? Ausgerechnet jetzt, wo es so lange gutging?» Eben deshalb.

Je stärker und länger ein innerer Teil dominiert, der mit einem anderen im Clinch liegt, desto fürchterlicher muss der andere gegenhalten, um das Ungleichgewicht wieder auszugleichen. Hier gleicht die Situation ganz dem Streit zwischen Menschen: Keiner gibt nach. Jeder fürchtet: «Wenn ich nachgebe, treibt's der andere noch viel bunter!» Da hilft es auch nichts, wenn wir uns ermahnen: «Jetzt gönn dir doch ein bisschen Ruhe!» Nein, der Arbeitsteil lässt das nicht zu, weil er fürchtet, dass der Erholungsteil für Stunden jede Aktivität lahmlegt. Workaholics zum Beispiel fürchten nichts stärker als die Entspannung. Sie wissen: «Wenn ich erst mal zu faulenzen anfange, höre ich nicht mehr auf!» Sie sind so total überarbeitet, dass sie zwei Jahre Urlaub bräuchten. Aber das kann der Arbeitsteil nicht zulassen! Also unterbricht er den Erholungsteil, bevor die Erholung komplett ist, darauf unterbricht der Erholungsteil den Arbeitsteil mitten in einer wichtigen Arbeit, also reißt sich der Arbeitsteil noch stärker am Riemen, damit das ja nicht mehr vorkommt, deshalb schlägt der Erholungsteil noch stärker zurück … Ad infinitum beziehungsweise ad Burnout.

Sich selbst zu sagen: «Jetzt sei doch nicht so arbeitssüchtig/vertrödelt/verfressen/faul/unfreundlich …!», hilft nicht, weil wir damit unbewusst die Polarisierung verstärken: Wir ergreifen Partei für einen der widerstreitenden Teile. Deshalb muss der andere umso stärker zurückschlagen, je stärker wir uns ermahnen, doch nicht so … zu sein! Paradox: Je stärker wir versuchen, einen unerwünschten Zustand oder ein unerwünschtes Verhalten abzustellen, desto heftiger stellt es sich ein. Der Rat des gesunden Menschenverstandes, sich selbst gut zuzureden, führt hier zwangsläufig in die Katastrophe. Man muss anders vorgehen. Da man es nicht schafft, einen Teil einseitig zum Verzicht zu bewegen – das Boot würde kentern – muss man versuchen, beide Teile gleichzeitig ins Boot zurückzuholen.

Es gibt innere Streitereien, die kann man gut ertragen. Die Sonne scheint, aber ich muss hier tippen. Was soll's. Tippe ich eben mit halber Konzentration, während ich mir vorstelle, wie toll es draußen wäre. Es gibt aber auch innere Streitereien, die kann oder will man nicht mehr ertragen. Weil sie einen permanent unzufrieden machen oder den eigenen Erfolg verhindern. Dann muss man den Streit schlichten.

## Die Verhandlung mit zwei Teilen

Solange sich zwei Teile streiten, fühlt man sich in gewissen Situationen immer unzufrieden. Vor allem behindert man sich selbst. Man erzielt nicht den Erfolg, den man erzielen könnte, wenn man in sich eins wäre. Also bringen wir die Streithähne ins Boot zurück. Übrigens, die nachfolgende Schlichtungsstrategie lässt sich nicht nur auf innere Teile, sondern ganz hervorragend auch auf streitende Mitmenschen anwenden.

### 1. Schritt: Wer streitet hier?

Was ist los mit mir? Welche zwei Seelen wohnen, ach, in meiner Brust? Was sagt die eine, was die andere? Bei Julia, die sich nicht an ihren Adonis an der Bar herantraut, sagt der beziehungsorientierte Teil: «Zu zweit wär's schon schön.» Doch der freiheitsliebende Teil sagt: «Nicht schon wieder eine Beziehungskiste!» Als Folge steht Julia zwei Stunden unentschlossen keine zwei Meter neben Romeo an der Bar. Als Chef lebt man ständig im Dilemma, sich durchsetzen zu müssen (Durchsetzungsteil), aber andererseits von seinen Mitarbeitern akzeptiert sein zu wollen (Harmonieteil). In welcher Situation sind Sie uneins? Bei welchem Verhalten benötigen Sie zu viel Energie, weil Sie gegen innere Widerstände ankämpfen? Wer sind die Kontrahenten? Lassen Sie beide Teile ihre Problemsicht schildern: «Ich fühle mich eben abends grässlich einsam.» «Immer stürzt du dich übereilt in Beziehungen!»

2. Schritt: Was steckt dahinter? Was wollen die Teile? Was sind ihre Ziele, Absichten, Interessen?

Wenn ein Vorgesetzter abwechselnd seine Mitarbeiter anbrüllt und verwöhnt, dann hat er nicht ein Rad ab. Hinter beiden widersprüchlichen Verhalten stehen ganz vernünftige Absichten: sich durchzusetzen und dadurch gut beim eigenen Vorgesetzten dazustehen und trotzdem bei seinen Mitarbeitern beliebt sein. Wenn Sie die Absichten Ihrer beiden Teile erkannt haben: Geben Sie ihnen positive Namen und akzeptieren Sie, dass Sie beide brauchen, um Erfolg zu haben und geistig ausgeglichen zu sein. Man muss sich auch mal durchsetzen können, und man ist eben gern gut angesehen bei seinen Mitarbeitern. Beides ist gut, beides ist sinnvoll, beides ist nötig. Bedanken Sie sich bei beiden Teilen für ihre Dienste.

Das ist nicht immer leicht. Was zum Beispiel soll daran positiv sein, dass ich nach einer knüppelharten Diät sieben Kilo drauffuttere? Was soll daran positiv sein, dass ich einen Kundenbesuch schmeiße und dadurch meine Monatsprämie verliere? Was soll daran gut sein, wenn ich meine Mitarbeiter so anbrülle, dass die Produktivität zwei Wochen lang unter die Grasnarbe fällt? Ehrlich, das ist schwer zu verstehen. Aber es muss einen Grund geben, denn wir tun nichts grundlos. Wenn Sie lange genug nachdenken, kommen Sie dahinter. Denn die Antwort liegt in Ihnen. Sie können auch wieder die gute Fee rufen (siehe oben) oder das Wunderspiel spielen: Was wäre, wenn der Rückschlag nicht passiert? Was tritt dann nicht ein? Und plötzlich gehen einem die Augen auf.

Man erkennt, dass es einen Unterschied gibt zwischen Verhalten und Absicht des inneren Teils. Das Verhalten verursachte sieben Kilo Gewichtszunahme, aber die Absicht war: Fühl dich wohl. Und unbestreitbar fühlten wir uns wohl, während wir die Schokoladenplätzchen futterten. Wir fühlten uns wohl, als wir dem Kunden so richtig die Meinung sagten. Die Absicht war gut, das Verhalten weniger. Wir fühlten uns wohl, als wir die Mitarbeiter anbrüllten, leider hatte das Verhalten unerwünschte Nebenwirkungen. Finden Sie die wahre Absicht hinter dem fehlgeleiteten Verhalten heraus und trennen Sie ganz klar zwischen Absicht und Verhalten. Sagen Sie dem Teil: «Was du beabsichtigst, unterstütze ich vorbehaltlos. Wie du es angestellt hast, müssen wir diskutieren.»

### 3. Schritt: Beide Teile akzeptieren sich gegenseitig – die innere Aussöhnung

Hatten wir das nicht eben? Nein. In Schritt 2 akzeptierten Sie, also Ihr innerer Mannschaftskapitän, die positive Absicht der beiden Kontrahenten. Jetzt müssen auch die Kontrahenten dies gegenseitig tun. Wie nötig das ist, merken Sie immer dann, wenn Sie sich vorstellen, dass Sie zum Beispiel dem Wohlfühlteil freie Hand lassen: Futter ruhig die Schokolade! Sofort geht der Fitnessteil die Wand hoch: Bist du verrückt? Mein hart erkämpfter Waschbrettbauch! Prompt kontert der andere: Sei doch ruhig, es gibt wichtigere Dinge im Leben als einen Waschbrettbauch. Und wieder geht der Streit los. So kommen wir nicht weiter.

Die einzelnen Teile müssen sich gegenseitig akzeptieren. Wenn Sie sich also geistig in einen Teil hineinversetzen (Ich will fit sein!), stellen Sie sich vor, was wäre, wenn der andere nicht existierte. Worauf müssten Sie verzichten? Sie wären wahrscheinlich fit wie Arnold, hätten aber keinen Spaß daran. Denn dafür ist der Wohlfühlteil verantwortlich, den Sie eben abgeschafft haben.

Das Traurige ist: Es gibt viele Menschen, die einen Teil von sich ins Exil geschickt haben. Der ewig unzufriedene Bodybuilder ist nur einer von ihnen. Er ist topfit, aber eigentlich unzufrieden mit sich. Deshalb trainiert er noch ein bisschen härter, wird aber nicht zufriedener. Genaugenommen wird er umso unzufriedener, je fitter er wird, weil er den Wohlfühlteil immer mehr vernachlässigt. Deshalb sind manche Menschen umso unzufriedener, je erfolgreicher sie sind, umso unglücklicher, je enger sie mit jemandem zusammenleben, umso mürrischer, je mehr Geld sie verdienen, oder umso ungenießbarer, je stärker sie ihren Willen bekommen: Es fehlt ein wesentlicher Teil. Der Teil, der glücklich macht. Deshalb sagt ein altes Sprichwort: *Beware of answered prayers* – sei vorsichtig mit deinen Wünschen, sie könnten wahr werden! Die falschen Wünsche machen nicht glücklich.

Kämpfen Sie nicht länger gegen sich selbst. Versöhnen Sie konkurrierende Teile miteinander. Amputierte Persönlichkeiten können nicht glücklich sein. Zum Glück und zum Erfolg muss man immer als ganzer Mensch kommen. Schlüpfen Sie in die Rolle des einen Teiles, und sehen Sie die gute Absicht des anderen, und umgekehrt. Würdigen Sie beide Teile gegenseitig. Diese innere Versöhnung kann dauern. Vor allem, wenn man jahrelang gegen seinen inneren «Fresssack», «Despoten», «Schlappschwanz» oder «Feigling» ankämpfte. Da versöhnt man sich nicht so schnell. Mit einem professionellen Coach geht es schneller. Wenn Sie keinen finden können oder unzufrieden mit Ihrem Coach sind: Am Ende des Buches steht unsere Telefonnummer, wir helfen Ihnen weiter.

Viele Menschen müssen nach diesem Schritt ganz tief Luft holen. Es ist eine Riesenerleichterung, wenn man sich endlich mit sich selbst versöhnt. Wir merken dann oft erst, wie zerrissen wir waren, wie viel Energie wir auf innere Streitigkeiten verschwendeten, wie heftig wir bestimmte Seiten an uns bekämpften. Sobald wir uns mit uns selbst versöhnen, fühlen wir uns bereichert, ruhiger, sicherer. Es gibt einfach ein gutes Gefühl. Eine Last ist von uns genommen: Jetzt können wir uns wieder voll auf andere Aufgaben konzentrieren. Viele Menschen, vor allem Manager und Mütter, sehnen sich jahrelang nach diesem Gefühl des inneren Friedens, der Ruhe und Gelassenheit. Ein Teil, unter dem man jahrelang litt und den man vergebens bekämpfte, wird wieder in die innere Familie aufgenommen. Das stärkt und beruhigt ungemein. Deshalb gibt es glückliche Dicke. Sie bekämpfen sich nicht länger selbst, sie sind im Reinen mit sich. Deshalb sind glückliche Dicke aber auch so selten: Diese innere Versöhnung ist eine hohe Kunst. Wer sie beherrscht, ist ein echter Magier seiner selbst. Dabei ist es ganz einfach: Man muss nur hinter dem irritierenden Verhalten die gute Absicht hervorkramen und akzeptieren.

### 4. Schritt: Finde den gemeinsamen Nenner beider Teile!

Ein schwerer Schritt. Denn was haben Futtern und Fitnesstraining gemeinsam? Das sind doch Gegensätze! Erst trainiere ich wie verrückt, dann futtere ich's wieder an! Hier den gemeinsamen Nenner zu entdecken, ist der schwierigste Schritt bei der inneren Schlichtung. Denn normalerweise sehen wir die Gemeinsamkeiten der Teile gar nicht. Wir sehen nur die Gegensätze. Weil diese eklatant sind. Tagelang verstehe ich mich mit meinem Partner glänzend – und dann diese Rückfälle in die Streitsucht! Das passt doch nicht zusammen! Doch, aber das muss man erst herausfinden.

Siegfried zum Beispiel joggt wie wild, um abzunehmen, erlebt aber ärgerlicherweise immer wieder kiloschwere Rückfälle. Je heftiger er joggt, desto heftiger kommen die Rückfälle, und je wilder er futtert, desto wilder joggt er. Siegfried fragt sich: Woher kommen diese Rückfälle? Aber das ist die falsche Frage. Sie verteufelt einen Persönlichkeitsteil bereits wieder als «Rückfaller». Erst wenn die Frage anders formuliert ist, findet man eine Antwort darauf: Was ist die gemeinsame Absicht hinter den konkurrierenden Verhaltensweisen? Raten Sie mal. Die Lösung ist weiter unten versteckt. Sarah liebt ihre Arbeit, aber sehnt sich seit Langem nach etwas mehr Ruhe. Sie ist innerlich zerrissen. Sitzt sie bei der Arbeit, träumt sie vom Urlaub, aber ist sie im Urlaub, traut sie sich nicht ohne Handy an den Strand. Warum kann Sarah nicht entspannen? Warum erlebt sie immer wieder Anfälle von Workaholismus? Fragen, die zu nichts führen. Die bessere Frage: Wo steckt der gemeinsame Nenner hinter den konkurrierenden Verhaltensweisen?

Der gemeinsame Nenner von Siegfrieds widerstreitenden Teilen ist relativ leicht zu entdecken. Joggen und futtern dienen beide dem Wohlgefühl. Wenn Siegfried futtert, fühlt er sich wohl, und wenn er eine Superfigur dank Joggen hat, ebenso. Bei Sarah ist es ein bisschen schwieriger. Was haben Workaholismus und Entspannung gemein – sind das nicht krasse Gegensätze? Es hilft hier, wieder daran zu denken, was passieren würde, wenn eines der beiden Verhalten total ausfiele:

Sarah würde vor Überlastung ausbrennen oder vor Langeweile durchdrehen. Zufriedenheit und innere Harmonie verlangen beides: Aktivität und Ausspannen. Um sich ausgeglichen zu fühlen, braucht man die Balance zwischen beidem. Wir sehen also: Selbst hinter den krassesten Gegensätzen verstecken sich Gemeinsamkeiten. Man muss sie nur aufspüren. Das macht zwar ein bisschen Arbeit, aber die geht man gerne ein – bevor einen der innere Zwist den letzten Nerv kostet.

Wenn Menschen Probleme haben, den gemeinsamen Nenner zweier widerstreitender Persönlichkeitsteile zu finden, ist das meist ein Hinweis darauf, dass sie sich noch nicht vollständig mit sich ausgesöhnt haben. Sie fragen sich ständig: Woher kommen diese ständigen Rückfälle? Ich kann es nicht verstehen. Warum bin ich so? Ich bin doch so ein sportlicher Typ. Warum futtere ich immer wieder in mich rein? Warum schaffe ich es nicht? Warum stehe ich mir immer wieder selbst im Weg? Alles Fragen, die auf einen noch nicht vollständig bewältigten Schritt ? hinweisen. Die innere Aussöhnung hat noch nicht umfassend stattgefunden. Der verbannte, verstoßene, ungeliebte Teil wird noch nicht vollständig akzeptiert, sondern immer noch als «Rückfall» und «Saboteur» tituliert. Also zurück zu Schritt ?, bis die innere Aussöhnung steht.

Sie spüren recht deutlich, wenn Sie im Reinen mit sich sind. Ein Gefühl der inneren Ruhe überkommt Sie. Sie bekämpfen sich nicht länger selbst. Sie gewinnen die Energie zurück, die jahrelang für diesen inneren Streit vergeudet wurde. Auch deshalb fühlen sich manche Menschen ständig müde. In ihrem Inneren tobt ein verlustreicher Kampf. Sobald dieser geschlichtet ist, können sie endlich ungeteilt genießen, was sie tun. Sie fühlen sich zufriedener, konzentrierter, ausgeglichener. Der Lärm im Kopf wird leiser.

### 5. Schritt: Finde eine neue Lösung, die dem gemeinsamen Nenner gerecht wird

Wir wissen jetzt, was hinter beiden widerstreitenden Verhaltensweisen als gemeinsame Absicht steckt. Also können wir eine neue Verhaltensweise finden, die die Absicht so verwirklicht, dass beide Teile zufrieden sind. Es gibt immer Dinge, bei denen ich mich genauso wohlfühlen kann wie bei einer Tafel Schokolade: ein Schaumbad, Kino, Massage, chinesisches Essen (ist immer noch Essen, aber kalorienarm) ... Es existiert eine Alternative zu jedem Laster. Wenn Sie bei diesem Satz einen inneren Widerwillen verspüren und den Gedanken haben: «Aber zu ... gibt es keine Alternative! Das ist das Einzige, was mir in dieser Situation hilft!», können Sie drei Dinge tun.

– Seien Sie ein fairer Mannschaftskapitän. Bevor Sie ihn ablehnen, geben Sie dem neuen Weg eine Chance. Sie wissen ja: Der Mensch ist ein Gewohnheitstier. Alles Ungewohnte empfindet er zunächst als falsch. Wagen Sie sieben plus/minus zwei Versuche. Je vertrauter Ihnen der neue Weg wird, desto besser fühlt er sich an und desto unattraktiver wird die alte Gewohnheit.
– Das geht umso schneller, je schneller Ihr gesunder Menschenverstand mitrechnet: Der alte Weg hatte negative Folgen (man nimmt mit Schokolade zu) und verursachte ständig ein schlechtes Gewissen. Der neue Weg führt zum erstrebten Wohlbefinden und hat keine negativen Folgen und macht kein schlechtes Gewissen. Das heißt, der neue Weg wird in der Endabrechnung als wertvoller wahrgenommen als der alte. Plötzlich ist das Schaumbad attraktiver als die Schokolade.
– Der neue Weg wird umso attraktiver, je mehr Sie ihn ausbauen. Ein Schaumbad statt fünf Tafeln Schokolade wird vielleicht als spartanischer Ersatz empfunden. Aber wie wäre ein Schaumbad mit Sekt? Mit TV am Beckenrand? Mit Lieblings-CD, Kerzenlicht und dem Partner? So erschließen sich einem ganz neue Gefühlswelten. Merke:

*Es gibt immer etwas, was deutlich besser ist als die alte Lösung. Das gilt für jede alte Lösung.*

Das Universum bietet uns eine unbegrenzte Auswahl an Alternativen und Kombinationsmöglichkeiten. Nutzen wir sie. Aus Schritt ? folgt auch: Wenn wir uns eine alte Gewohnheit partout nicht abgewöhnen können, liegt es meist daran, dass der neue Weg

- zu kurz und/oder zu selten versucht wurde, um sich als neue Gewohnheit zu etablieren;
- nicht sauber durchkalkuliert und sein höherer Endnutzen entweder nicht errechnet wurde oder tatsächlich nicht vorhanden ist (neuen Weg entwerfen);
- nicht so ausgebaut wurde, dass er maximale Attraktivität und maximalen Endnutzen erlangt.

Viele Menschen glauben, dass man seine Laster nicht abstellen kann: «Man kann sich seine Laster eben nicht aussuchen!» Das stimmt nicht. Wer hätte sie denn sonst für uns aussuchen sollen? Das Christkind? Irgendwann haben wir uns für Schokolade, den Glimmstengel oder das Jasagen entschieden. Und wir können uns genauso gut jetzt für etwas anderes entscheiden.

### 6. Schritt: Der Verhandlungsabschluss: Ist der neue Weg okay für beide Teile?

Verhandlungen mit Persönlichkeitsteilen können zwei Ausgänge haben. Ein Teil gibt sein Verhalten vollständig auf, weil er auf dem neuen Weg seine Absicht auch/besser erreichen kann. Als Ergebnis fällt das, was wir als Rückfall empfinden, völlig weg: Wir rühren nie wieder eine Zigarette oder eine Tafel Schokolade an, brüllen nie wieder rum, kneifen nie wieder, wenn der Chef brüllt oder wenn man uns eine tolle Chance anbietet. Ein schönes Verhandlungsergebnis.

Doch nicht immer kann ein Persönlichkeitsteil sein Verhalten völlig aufgeben. Wer Schokolade über alles liebt, wer gerne herumbrüllt, wer gerne entscheidungsschwach ist, wird dem «Laster» vielleicht nicht völlig entsagen können. Vielleicht sagt der Wohlfühlteil: «Okay, fünf Tafeln sind etwas heftig, aber eine halbe ist mein absolut letztes Angebot, und wenn du das nicht akzeptierst, stehe ich jetzt vor lauter Frust auf und futtere gleich die nächsten fünf.» Die erste Reaktion ist natürlich: «Was fällt dir ein? Jetzt verhandle ich so zivilisiert mit dir, und du spielst hier den Unbelehrbaren!» Oder: «Dacht ich mir's doch. Ich bin unverbesserlich. Ich erreiche niemals meine Traumfigur / den Traumjob / den Traumpartner / ...» Das sind menschliche Gedanken. Und äußerst bequeme obendrein: Man darf aufgeben. Leider sind sie zu kurz gedacht. Verhandlungen sind nicht immer binär: 0 oder 1. Nicht immer kann ein Teil sein Verhalten total aufgeben. Akzeptieren Sie auch das. Eine halbe Tafel ist besser als fünf – falls der Fitnessteil damit einverstanden ist. Und ob er das ist, merken Sie schnell – er meldet sich prompt zu Wort.

Dies ist das Feintuning der Verhandlungen, die Detailverhandlung. Damit die Schlichtung wirklich und langfristig erfolgreich ist, müssen beide Teile hundertprozentig einverstanden sein. Faule Kompromisse halten nicht lange. Checken Sie immer wieder ab: Sind beide Wünsche jetzt wirklich voll erfüllt? Oder bleibt noch ein Rest Zweifel oder Unzufriedenheit, wenn Sie sich in einen der beiden widerstreitenden Teile hineinversetzen? Dann verhandeln Sie nach. So lange, wie es nötig ist. Sie merken schnell, wenn beide Teile wirklich vollständig einverstanden sind. Es stellt sich ein unvergleichliches Gefühl der inneren Geschlossenheit ein. Sie fühlen sich rundum wohl. Denn jetzt stehen alle Persönlichkeitsteile in Einklang miteinander.

Nun gehen Sie wie gewohnt in die Planung: Wann? Wo? Was? Womit? Wie? Wann kaufen Sie welchen Sekt und welches Schaumbad für welchen Abend? Je größer die Anzahl der Details, mit der ich mir den neuen Weg vorstellte, desto automatischer läuft der Film tatsächlich so ab. Je lebhafter ich mir vorstelle, was ich dem Chef wie, mit welchen Argumenten, Gesten und mit welchem Tonfall erzähle, desto automatischer läuft das neue Verhalten ab, sobald die Situation auftaucht – und nicht länger die alte Gewohnheit des Duckens und Abtauchens. Der Film im Kopf steuert uns automatisch zur neuen Gewohnheit, weil wir diese jetzt als viel attraktiver empfinden als den alten Weg.

Sie benötigen nur beim ersten Mal für diese 6-Schritt-Folge so lange. Nach einem halben Dutzend Mal geht das in Minuten, nach einem Dutzend in Sekunden ab. Das ist das Erfolgsgeheimnis von Menschen, die nichts und niemand erschüttern kann. Die selbst in der schlimmsten Hektik kühlen Kopf bewahren und abgeklärt reagieren. Ihr Geheimnis: Sie beherrschen dieses innere Schlichtungsverfahren in Sekundenbruchteilen. Sie befinden sich im ständigen Dialog mit sich selbst. Das tun wir eigentlich alle. Nur leider läuft der Dialog meist so ab:

«He, halt, so geht das aber nicht!»

«Ach was, Lass fünfe grade sein, ich will jetzt Feierabend!»

«Und was soll der Kunde davon halten?»

«Kunde! Kunde! Denk doch mal an dich!»

Man spürt förmlich, wie viel Energie hier verloren geht.

Kein Wunder, herrscht in unserem Kopf ein solcher Lärm und wir fühlen uns ständig leicht unklar, verunsichert und unzufrieden. Innerer und äußerer Streit sind sich da sehr ähnlich. Wenn wir innerlich zerstritten sind, fühlen wir uns, als ob wir in einem ständig zerstrittenen Team arbeiten müssten. Sobald jedoch der innere Schlichtungsprozess läuft, stellen sich Erfolg und Zufriedenheit automatisch ein. Wir arbeiten in einem perfekt eingespielten Team:

«Moment mal, so geht das aber nicht!»

«Sehe ich ein, aber ich will nicht wieder bis sechs hier hängen.»

«Einverstanden, diese Tabelle noch, der Rest kann warten.»

«Okay, aber danach ist Abflug?»

«Absolut.»

Das hinterlässt doch gleich ein viel besseres Gefühl, nicht?

Unsere Persönlichkeitsteile sind quasi lernfähig. Sie gewöhnen sich den Streit ab und den Verhandlungsstil an. Das geht dann immer flotter. Gefestigte Persönlichkeiten können scheinbar unüberwindliche Gegensätze und innere Konflikte binnen Sekunden in Wohlgefallen auflösen. Ausgeglichene Menschen bleiben immer bei sich, das heißt ausbalanciert. Keine triviale Fähigkeit.

Wenn diese Fähigkeit fehlt, bemerken wir es schmerzlich. Wir stehen beispielsweise vor einem unüberwindlich erscheinenden Problem und fragen uns frustriert: Was soll ich nur tun? Wir sind hin- und hergerissen. Unsere innere Balance ist gestört. Oder wir fallen ständig um. Heute sind wir der festen Überzeugung, dass wir unseren Geschäftsbereich dezentralisiert reorganisieren müssen, nächste Woche tendieren wir zur zentralisierten Organisation, und übernächste Woche ... Eine solche Zerrissenheit ist ein prima Karrierekiller.

Wer Erfolg haben will, muss sich überzeugt zeigen und seine Mitarbeiter konsequent führen. Doch Überzeugungskraft nach außen kommt von innerer Überzeugung. Das kann man nicht vorspielen. Wer in sich überzeugt ist, dem sieht man das schon von Weitem an.

Denn jeder Teil, den wir unterdrücken, zeigt sich überdeutlich in unserer Körpersprache. Daher die berühmten intendierten Fluchtbewegungen: Der Vizepräsident lässt zwar markige Worte ab, schnippt aber bei seiner Präsentation dauernd mit dem Kuli. Die Belegschaft hört die Worte, allein es fehlt ihr der Glaube. Die Körpersprache spricht lauter als die gesprochene Sprache: «Oje, er ist nervös. Er ist selber nicht überzeugt. Sind unsere Jobs noch sicher?» Ganz anders die Körpersprache von Menschen, die durch und durch von sich und/oder ihrem Thema überzeugt sind: Da schnippt nichts, da zuckt nichts, da wackelt nichts.

Erfolg hat, wer weiß, was er will. Wer weiß, was er will, wirkt nach außen überzeugend. Um zu wissen, was man will, muss man aber zuerst mit sich selbst im Klaren sein, seine Teile ausgewogen haben. Dann ziehen alle am selben Strang, und zwar in dieselbe Richtung. Jede(r) weiß, wie schwer Entscheidungen und Taten fallen, wenn man im Grunde nicht weiß, wozu man macht, was man tut. Und jede(r) weiß, wie leicht einem alles fällt, wenn man weiß, wohin man will. Das ist die geistige Abgeklärtheit und innere Überlegenheit, die Manager und andere Menschen so oft suchen, dringend brauchen und selten erreichen.

Die innere Ruhe auch im größten Sturm. Solange im Innern Ruhe herrscht, kann einem auch der größte äußere Sturm nichts anhaben.

### Erfolgsrätsel aufgelöst

Das Modell der Persönlichkeitsteile erklärt sehr schön, weshalb wir uns bestimmte Marotten einfach nicht abgewöhnen können. Lampenfieber, Rauchen, Faulenzen, Schwarzsehen, Zweifeln, Entscheidungsschwäche, Zögern, Hetzen oder Jasagen zum Beispiel. Was haben wir nicht alles schon versucht! Es gibt Dutzende Techniken, sich das Lampenfieber oder das Rauchen abzugewöhnen. Deshalb funktionieren sie nicht. Man kann sich nicht sich selbst abgewöhnen. Je stärker wir einen Teil von uns bekämpfen, desto stärker schlägt er zurück. Das ist das Prinzip der Polarisierung (s. o.). Je weiter sich ein Matrose raushängt, desto weiter muss auch der andere raus. Indem wir beispielsweise das Lampenfieber bekämpfen, legen wir uns ungewollt auf die Seite des Risikoteils. Der Sicherheitsteil fühlt das Gleichgewicht bedroht und hängt sich noch mehr raus: Sein Mittel ist das Lampenfieber. Er will uns vor Blamagen schützen. Deshalb wird das Lampenfieber umso schlimmer, je heftiger wir es bekämpfen: Ein berechtigtes Interesse wird ignoriert. Daher auch der Spruch: Kampf ist Krampf. Man kann nicht Krieg gegen sich selbst führen. Dabei gewinnt keiner. Wer sich unerwünschtes Verhalten abgewöhnen möchte, darf es nicht bekämpfen. Es ist wie mit Kindern: Je heftiger man sie zu «erziehen» versucht, desto trotziger werden sie manchmal. Kämpfen Sie nicht gegen das an, was Sie abstellen wollen.

Das Erstaunliche an großen Bühnenpersönlichkeiten ist, dass auch sie nicht frei von Lampenfieber sind. Von Luciano Pavarotti, der immerhin einer der top vier der weltbesten Tenöre war, weiß man, dass er vor jedem Auftritt vor Lampenfieber zitterte. Auch Sir Laurence Olivier, einem der größten Schauspieler unserer Zeit, ging es so. Erfahrene Redner und Schauspieler haben es längst aufgegeben, dagegen anzukämpfen: Es macht die Sache nur noch schlimmer. Ein Schauspieler des Landestheaters in der Universitätsstadt Tübingen sagte einmal:

«Lampenfieber ist wie eine kleine Schwester. Manchmal lästig. Aber wenn man sie wegschickt, macht sie noch mehr Unsinn. Also muss ich sie wohl oder übel bei der Hand nehmen. Dann verhält sie sich anständig.»

Ein schönes Bild. Es enthält alles, was wir oben bei unserer inneren Verhandlungstechnik gelernt haben: die Aufgabe des Kampfes, das Eintreten in die Verhandlung, die innere Versöhnung und die einsetzende Erleichterung, sobald man akzeptiert (und verhandelt), anstatt ankämpft.

Das Teile-Modell erklärt viele Erfolgsrätsel auf einleuchtende Weise. Warum zum Beispiel kann ich einen Marathon laufen und danach noch eine Runde Tennis spielen, aber nach zwei Stunden Budget-Tabellierung fühle ich mich am Ende meiner Kräfte? Warum können manche Leute 17 Stunden am Tag arbeiten und danach noch Kegeln gehen, während ich schon nach 8 Stunden gerädert bin? Das Geheimnis dahinter: Nicht die Arbeit ermüdet, sondern unser Widerstand dagegen. Während einige unserer Teile fleißig bei der Arbeit sind, bremst (mindestens) einer heftig ab. Und mit welcher Kraft! Es ist erstaunlich, wozu wir fähig sind, wenn alle unsere Teile geschlossen hinter uns stehen: Triathlon, Himalaya, Sportabzeichen, Häusle bauen, Kinder erziehen, geliebte Menschen pflegen … Das sind die Konditionswunder, wo andere sagen: «Ich weiß nicht, woher er das nimmt!» «Sie scheint nie müde zu werden und ist dabei auch noch gut gelaunt!» So viel Kraft steckt in uns, wenn unsere Persönlichkeitsteile ausbalanciert sind.

Und dieselbe gigantische Kraft bremst uns aus, wenn ein Teil quertreibt: Schon nach fünf Minuten einer verhassten Arbeit fühlen wir uns wie nach fünf Stunden Schwerstarbeit. So stark ist die Bremskraft der inneren Teile. Deshalb trainieren Spitzentrainer den Kopf, dann den Körper. Wenn der Kopf bremst, hilft auch die beste Technik und Kondition nicht. Der Kopf ist immer stärker. Wer eine verhasste Arbeit beginnt, hat schon verloren. Wir wissen alle, wie das endet: Schon nach wenigen Minuten steht uns die Arbeit hier. Natürlich können wir sie trotzdem durchziehen und feste die Zähne zusammenbeißen: *Try harder!* Das geht durchaus. Wir fühlen uns danach zwar wie zerschlagen, aber die Arbeit ist erledigt.

Wer das nicht möchte, braucht sich vor der Arbeit nur zwei Minuten Zeit zu nehmen: Welcher Teil wird jetzt gleich quertreiben? Wer wird gleich gegen wen kämpfen? Die Aufgabe kann ich nicht zurückgeben – aber auf welche Weise kann ich sie verändern, damit alle Teile zufrieden sind? Aufgaben lassen sich immer so restrukturieren, dass sie alle Persönlichkeitsteile befriedigen. Wer als Superkreativer eine sturzöde Arbeit erledigen muss, muss sich nicht zusammenreißen. Er kann, aber er muss nicht. Er kann seinem Kreativteil auch das geben, wonach er sich sehnt, indem er zum selben Ergebnis auf andere, neue, kreative Weise kommt. Der Projektleiter eines Bauunternehmens beispielsweise plant sein Budget – eine sterbenslangweilige Angelegenheit – seit Kurzem mit relationaler Software. Das ist ungefähr so, als würde man in eine Käfer-Karosserie einen 500-PS-Motor einbauen. Völlig unnötig. Macht aber gigantisch Spaß. Seither ist das Budget nach zwei Tagen fertig. Früher lag es immer wochenlang herum, bevor sich der Projektleiter überwinden konnte.

Auch dieses Überwinden gehört der Vergangenheit an: das Zähnezusammenbeißen, das eiserne Durchhalten, der Biss. Ohne Schweiß kein Preis – wer sagt das? Das ist typische Propaganda von Leuten, die sich gerne quälen – oder die innere Schlichtung nicht beherrschen. Erfolg fällt ganz leicht, sobald Sie die innere Verhandlung beherrschen. Denn was bedeutet Zähnezusammenbeißen denn? Dass ein Teil nicht einverstanden ist mit dem, was Sie tun, und dass Sie wie wild gegen ihn anrennen. Deshalb funktionieren Lösungen nicht, bei denen Sie die Zähne zusammenbeißen müssen. Teil X lässt sich einige Tage, Wochen oder Monate mit viel Kraftaufwand unterdrücken. Aber irgendwann erschöpft Sie der ständige Energieverlust derart, dass Sie Teil X nicht weiter unten halten können und er in einem «schwachen Augenblick» doch wieder hochkommt. Ein treffendes Bild. Solange man noch schwach werden kann, wird man es irgendwann. Lösungen, die man nur mit brutaler Kraft gegen inneren Widerstand aufrechterhalten kann, stürzen im ersten schwachen Moment in sich zusammen.

Sobald man innerlich verhandeln kann, muss man sich nicht länger «zusammenreißen». Man muss sich nicht ständig den Griff nach der Zigarette verkneifen. Man kann sie lachend links liegen lassen, weil die neue Lösung viel attraktiver ist. Man fühlt sich einfach besser dabei. Und es kostet noch nicht mal Mühe, innere Überwindung oder «Biss». Man ist in einem Stadium angelangt, wo man für sich behaupten kann:

*«Erfolg ist ein Kinderspiel!»*

*«Den Mutigen gehört die Welt, nicht den Klugen.»*

Sprichwörter

# 7 Alles ist machbar

## Sie sind noch da?

Dann möchten wir Ihnen gratulieren. Sie dürfen stolz auf sich sein. In einer Welt, in der so viele jammern, klagen und die Schuld auf die Schule, die Politiker, die Wirtschaftsbosse, den Partner, die Partnerin, die unfolgsamen Kinder, die Wirtschaft, das System oder die Verhältnisse schieben, ist ein Mensch wie Sie etwas Besonderes. Sie packen an und ändern die Dinge. Welche? Alle.

Nein, ohne Witz: Sie können das, was Sie auf den zurückliegenden Seiten gelesen, gelernt und sich angeeignet haben, kaum überschätzen. Es ist mächtiger, als Sie glauben: Alles ist machbar. Wenn der Kopf mitspielt.

«Ja, ich weiß», sagen viele Menschen selbst an dieser Stelle noch. «Aber mein Kopf macht zu oft nicht mit! Ich denke zu oft falsch! Ich kann mir das nicht abgewöhnen!» Das ist der größte Unfug, den ein Mensch nur denken kann. Die Wahrheit ist: Wir sind nicht Opfer unseres Kopfes. Wir schaffen uns unseren Kopf selbst. Unser Gehirn ist nicht unveränderlich, gottgegeben. Die Hirnforschung hat in den letzten Jahren eindrucksvoll den Beweis dafür geliefert: Wir formen unser Gehirn mit dem, was wir denken.

Abstrakte Gedanken verändern unser Gehirn ganz konkret. MRT-Bilder zeigen es: Wenn wir fünfzig Jahre lang denken, dass wir ein schlechter … (bitte einfüllen) sind, dann hat sich dieser Gedanke eine ziemlich breite Bahn im Gehirn geschlagen, die man auf dem MRT-

Bild deutlich sieht. Ein Gedanke, der uns zum Misserfolg führt. Wenn Sie heute damit beginnen, das Gegenteil zu denken (nämlich, übervereinfacht: «Ich bin ein guter ...»), dann ändert dieser Gedanke allein noch nicht viel. Doch je öfter Sie ihn wiederholen, desto stärker wird jetzt seine Bahn im Gehirn. Nach einem Vierteljahr schon ist die Bahn so stark und breit wie die alte. Mit einem Unterschied: Die neue Bahn führt im Gegensatz zur alten jetzt zum Erfolg.

Das erklärt, warum Menschen die Flinte ins Korn werfen, obwohl sie kurz vor dem Erfolg stehen.

## Bleiben Sie dran!

Sicher ist es Ihnen auch schon so gegangen: Sie haben den einen oder anderen Tipp aus diesem Buch angewandt, ein paar Tage durchgehalten – und dann das Ganze aufgegeben: «Funktioniert bei mir nicht!» Wie die moderne Hirnforschung zeigt, ist das einer der tragischsten Irrtümer der Menschheit: Wir geben zu früh auf.

Eben weil die alten, blöden Gedanken sich schon solche breiten Bahnen in unserem Kopf getrampelt haben, leiten sie unseren Verstand selbst dann noch in die Irre, wenn die neue Erfolgsspur bereits angelegt ist. Deshalb führen auch die sichersten Erfolgsrezepte nicht nach nur fünf Minuten zum Erfolg. Das provoziert Skeptikerinnen und Skeptiker zu dem Ausruf: «Aber wenn ich zwanzig Jahre lang dachte, dass ich nicht abnehmen kann, dann kann ich doch nicht jetzt zwanzig Jahre lang das Gegenteil denken! Das dauert mir zu lange!» Und mit diesem Ausruf greifen sie zum nächsten Sahnetörtchen und vergessen das Ganze. Das ist das andere Extrem. Auch ein Irrtum.

Die Wahrheit liegt wie immer in der Mitte: Es dauert (in vielen Fällen) nicht nur fünf Minuten, aber es dauert auch keine Jahre, bis wir die alten Trampelpfade im Kopf ersetzt haben. Das Maß der Dinge ist ungefähr ein Vierteljahr. Ein Vierteljahr ist selbst für große Vorhaben eine gute Faustregel. Das bestätigen uns viele Menschen immer wieder: «Es hat gedauert, bis ich mich endlich geändert habe. Aber nach zwei, drei Monaten kann ich mir mein altes Leben schon gar nicht mehr vorstellen.»

Für Menschen, die sich den Quick Fix, die Sekundenlösung, die Erlösung im Vorübergehen erwarten, ist das eine herbe Enttäuschung. Sie greifen schnell zum nächsten Ratgeber, der ihnen die Wunderheilung in wenigen Minuten verspricht. Wer glaubt das heute noch? Es gibt keine Instant-Äpfel und keine Sofort-Kinder. Alles, was lebt, braucht seine Zeit. Diese Zeit ist die beste Investition in Ihr Leben, die Sie machen können. Ärzte wissen ein Lied davon zu singen.

## Beweis im OP

Jeder hat schon mal einem Kind einen Traubenzucker gegen irgendein Wehwehchen gegeben (weil gerade nichts anderes da war) und gesagt: «Das hilft dir jetzt!» Und es hat tatsächlich geholfen. Obwohl es eigentlich nicht helfen durfte. Die Traubenzuckermethode wirkt nicht nur bei Kindern, sondern auch bei Erwachsenen und richtigen Schäden, die eigentlich operiert werden müssten.

In einer Studie wurden Kniepatienten in zwei Gruppen geteilt. In beiden Gruppen waren Patienten mit auf dem MRT-Bild deutlich sichtbaren Meniskusschäden. Die eine Gruppe wurde tatsächlich arthroskopisch operiert. Die andere Gruppe wurde ebenfalls narkotisiert, in den OP gefahren, wo man sie jedoch nicht operierte, sondern lediglich zwei kleine Schnitte in die Haut ritzte, und diese dann vernähte. Das Ergebnis hätte es eigentlich nicht geben dürfen: Beiden Gruppen ging es danach gleich gut (wobei wir die gravierende ethische Seite der Studie mal beiseite lassen)!

Obwohl bei den Scheinoperierten der defekte Meniskus (es waren natürlich keine Totalschäden dabei) nicht einmal berührt wurde, liefen diese Patienten nach der üblichen Karenzzeit genau so munter und beschwerdefrei durchs Leben wie jene, bei denen die Menisken tatsächlich abgeschliffen worden waren. Wie kann das sein?

Die Antwort liegt Ihnen vielleicht auf der Zunge: Das ist die Macht unseres Bewusstseins. Der Arzt würde sagen: der Placeboeffekt. Warum half den Scheinoperierten, was nach Medizin, Vernunft und Sachverstand eigentlich nicht hätte helfen dürfen? Weil die Scheinoperierten felsenfest daran glaubten, dass eine Operation, und nur eine Operation, ihnen helfen würde. Keine Krankengymnastik, kein Stützstrumpf, keine Kniemanschette, keine Quarkwickel, kein Muskelaufbau, nein: Es musste eine OP sein! Deshalb und nur deshalb hat ihnen auch eine OP geholfen. Selbst wenn es nur eine Schein-OP war.

Wenn Sie jetzt sagen: «So einen festen Glauben hätte ich auch gerne!», haben Sie übersehen: Sie haben ihn bereits. Sie glauben bereits jetzt an viele Dinge, die genauso «unsinnig» sind wie eine Schein-OP. Fallen Ihnen einige davon ein? Wie haben Sie das geschafft? Wie kamen Sie zu diesem unerschütterlichen Glauben? Indem Sie die betreffenden Verknüpfungen in Ihrem Gehirn immer und immer wieder aktivierten, bis die Trampelpfade zu Autobahnen wurden. Jeder Mensch hat solche irrationalen, aber extrem wirksamen Glaubenssätze.

Wir haben Triathleten erlebt, die ihre Meniskusschäden allein durch Schonung, Wassertreten und Handauflegen geheilt haben. Das ist aus Sicht der herrschenden Medizinmeinung barer Unfug. Aber es half. Weil sie daran glaubten. Weil die «Autobahn» im Gehirn breit genug war, das heißt eine nachweisbare, tragfähige Vernetzung stattgefunden hat. Andere Menschen heilten sich mit herkömmlichem Muskelaufbautraining. Weil sie fest davon überzeugt waren, dass dies und nur dieses Mittel ihnen helfen würde – und das jeden Tag so oft dachten und verknüpften, bis sich diese Prophezeiung selbst erfüllte. Das weiß übrigens auch jeder gute Hausarzt.

Jeder alte Arzt hat schon mal eine Geschichte erlebt, wie sie uns ein alter Landarzt erzählte: «Ich wollte ein Mittel gegen Magenbeschwerden verschreiben, aber durch irgendeine blöde Verwechslung bekam der Patient ein starkes Abführmittel. Als ich den Irrtum bemerke, rufe ich voll böser Vorahnung den Patienten an und erkundige mich bang nach seinem Befinden. Er sagt: ‹Schon so viel besser, Herr Doktor. Das Mittel hat mir wirklich geholfen. Danke auch.›» Rein physikalisch betrachtet ist das unmöglich. Aber weil der Patient in seinem Gehirn nur Richtung Heilung verknüpft hatte, heilte selbst ein Mittel, das eigentlich das Gegenteil hätte bewirken müssen. Der Internistenwitz dazu: «Danke, Herr Doktor», sagt die alte Dame. «Das EKG hat mir geholfen. Ich fühle mich schon viel besser.»

Das, was wir denken, ist so ungeheuer wichtig für unser Leben, dass wir es nicht dem Zufall, der Außenwelt oder unseren schlechten Gewohnheiten überlassen sollten. Wir sollten jene Verknüpfungen des Schicksals in unserem Gehirn, die so wichtig für uns sind, schon selber verknüpfen. Bewusst. Gezielt. Wiederholt. Wie ein Ritual.

## Die Macht der Vernetzung

«Alles ist möglich!» Kein guter Spruch. Es ist möglich, dass es morgen regnet. Vielleicht regnet es aber auch nicht. Vielleicht scheint die Sonne. Alles möglich. So denken und reden Menschen, die auf dem Beifahrersitz ihres Lebens Platz genommen haben: «Vielleicht kommt mein Auto bei Glück, Wohlstand, dem Idealpartner, Gesundheit, Zufriedenheit und Erfolg vorbei. Vielleicht aber auch nicht. Alles ist möglich.»

Menschen, die ihr Leben selber in die Hand nehmen, denken und reden anders: «Alles ist machbar!» Schauen Sie die Paralympics an: Was Menschen mit schwersten Einschränkungen alles zustande bringen! Weil sie nicht jammern, sondern machen. Nur wer macht, macht Dinge möglich. Machbarkeiten, nicht Möglichkeiten bestimmen unser Leben. Wenn Erfolg im Kopf beginnt, dann heißt machen: Machen Sie was mit und in Ihrem Kopf!

Nein, nicht nachher! Jetzt! Sie haben Ihren Kopf doch zufällig gerade dabei, oder? Also legen Sie los. Machen heißt verknüpfen: Welche Verknüpfungen wollen Sie im Augenblick in Ihrem Kopf neu anlegen oder verstärken? Denken Sie mal. Denken Sie dran. Indem Sie dran denken, machen und verknüpfen Sie. Der ganze Rest folgt dann auch. Leichter und schneller.

Sie haben in den vorangegangenen Kapiteln einige Erfolgsstrategien kennengelernt, hier folgt noch eine: Knüpfen Sie sich Ihren Weg zum Ziel! Verknüpfen heißt: Ihre neue Denkweise immer und immer wieder wiederholen. So lange, bis die Neuronenbahn im Gehirn zur Autobahn geworden ist.

Wenn Sie Ihr Ziel ständig vor sich herschieben: Nicht verzweifeln! Sie sind nicht unfähig oder undiszipliniert. Sie haben lediglich noch nicht genug verknüpft. Denken Sie an Ihr Ziel, Ihre konstruktive Zielformulierung (siehe Kapitel 2). Immer und immer wieder. Viele Menschen berichten uns: «Je länger und intensiver ich über meine Ziele nachdenke, desto motivierter werde ich und desto eher und energischer packe ich sie an.» Das ist die Macht der Verknüpfung.

Wenn in Ihrem Ohr immer noch der kleine Mann oder die kleine Frau Ihnen Unfug einflüstert: Nicht verzweifeln! Bitte keine Selbstvorwürfe! Sie haben lediglich noch nicht genug verknüpft. Denken Sie an Ihre entworfene konstruktive Tonspur (siehe Kapitel 3). Immer und immer wieder. Bis sie «sitzt», das heißt, ausreichend verknüpft ist.

Dito Katastrophenfilm: Er läuft noch immer automatisch ab, obwohl Sie schon einen konstruktiven Film entworfen hatten? Dann verknüpfen Sie – und schauen Sie Eurosport oder DSF! Da können Sie Topathleten zuschauen, wie die das machen. Leichtathleten oder Skirennfahrer prägen sich ihren Sprung oder die Abfahrtsstrecke nicht einmal ein. Die machen die letzte halbe Stunde vor dem Start nichts anderes! Die gehen ihren Durchlauf mehrere Dutzende Male durch! Und haben damit Erfolg. Die können die Strecke mit fünfzig ausgeflaggten Toren wirklich in- und auswendig. Das ist Verknüpfung, die zum Erfolg führt. Keiner von den Spitzensportlern bleibt «hängen» in seinem Durchlauf, wie es Amateuren immer wieder passiert, weil sie buchstäblich nicht mehr weiterwissen.

Um es überspitzt auszudrücken: Wenn Sie noch nicht den erwünschten Erfolg haben, haben Sie einfach noch nicht genug verknüpft. Wer Erfolg wie ein Champion haben möchte, verknüpft wie ein Champion. Wiederholung ist die Mutter des Erfolgs, sagte schon

Opa. Seine Enkel wissen heute auch, warum: Nur was im Kopf verknüpft wird, führt zum Erfolg. Ein großer Trost: Nicht die Intellektuellen, Genialen, Klugen ernten den Erfolg. Sondern die Hartnäckigen, Steher, Dranbleiber, Verknüpfer.

Für unser Gehirn gilt wie für jeden anderen «Muskel» auch: *Use it or lose it.* Was wir nicht benutzen, verlieren wir. Wusste schon Goethe: «Was du ererbt von deinen Vätern, erwirb es, um es zu besitzen.»

Heute sagen die Hirnforscher: *Neurons that fire together, wire together.* Schaltstellen im Hirn, die zusammen aktiviert werden, verknüpfen sich. Wenn ich es, vereinfacht gesprochen, schaffe, das Neuron für den verhassten Sport zusammen mit dem Neuron für Glücksgefühl aufflackern zu lassen, dann finde ich Sport tatsächlich bald richtig gut. Aber wenn ich es geschafft habe, etwas gut zu finden, was ich bislang gar nicht gut fand, dann muss ich diese neue Verknüpfung auch weiterhin fleißig benutzen – sonst verliere ich sie wieder. Für Verknüpfungen gilt: bilden und benutzen!

Machen Sie die Verknüpfung zur täglichen Disziplin, zu Ihrem Erfolgsritual, Ihrem Minuten-Sabbatical. Machen Sie es regelmäßig. Wie Zähneputzen, Abwaschen, Zeitunglesen oder Internet-Surfen. Nutzen Sie freie Minuten, Sekunden in Warteschlangen, Aufzügen, an roten Ampeln oder Telefonwarteschleifen. Fragen Sie sich: Was möchte ich verknüpfen? Und dann verknüpfen Sie.

Gleichzeitig eröffnet die Verknüpfung ein lustiges und wirkungsvolles Reframing. Wie eine Seminarteilnehmerin es mal nach einem wirklich üblen Rückschlag ihrer Bemühungen formulierte: «Ach, ich habe doch nicht versagt. Ich habe lediglich noch nicht genug verknüpft.» Wer verknüpft, hat das bessere Leben. Verknüpfung führt zum Erfolg.

Was verknüpfen Sie hier und heute? Jetzt? Wenn wir Ihnen dabei und auf Ihrem weiteren Weg zum Erfolg durch Coaching, Beratung oder Training weiterhelfen können, machen wir das gerne. Hier erreichen Sie uns:

Stöger & Partner
Denken und Handeln für Morgen
Poingerstraße 44
D 85570 Markt Schwaben
Tel +49 (0) 81 21/4 14 20
E-Mail: buero@stoegerpartner.de
www.stoegerpartner.de